DES HÉRITIERS SANS TESTAMENT ?

Jacques de Longeaux (éd.)

DES HÉRITIERS SANS TESTAMENT?
ÉDUQUER
POUR UN MONDE OUVERT

Colloque des 15-16 janvier 2010

Cardinal André Vingt-Trois
Jacques Arènes, Mgr Jean-Louis Bruguès, Jean Caron, Catherine
Chalier, Marguerite Léna, Alexis Leproux, Anne-Marie Pelletier,
Myriam Revault d'Allonnes

Collège des Bernardins

© Éditions Lethielleux, 2010
ISBN 978-2-249-62123-9
Dépôt légal : septembre 2010
Imprimé en France par CPI Firmin Didot
à Mesnil-sur-l'Estrée (101067)
en juillet 2010

Introduction

« Des héritiers sans testament? Éduquer pour un monde ouvert ». Le titre de notre colloque évoque la phrase de René Char : « Notre héritage n'est précédé d'aucun testament », citée par Hannah Arendt dans la première ligne de la préface de *La crise de la culture*. Cet « aphorisme » a souvent été reproduit par la suite. Son contexte est l'expérience politique faite par le poète pendant les années de Résistance.

Notre sujet – l'éducation –, ainsi que le contexte historique dans lequel nous réfléchissons, ne sont plus les mêmes. Mais n'est-ce pas le destin de certaines formules heureuses d'avoir du sens – et même d'acquérir un surcroît de sens – dans des contextes différents de celui où elles ont été prononcées ?

Dans notre titre nous avons mis un point d'interrogation. Est-il vrai que nous avons hérité de ce monde sans avoir reçu, des générations précédentes ou d'un passé plus lointain, aucune lumière pour déchiffrer le sens de l'existence et nous orienter dans la vie personnelle et sociale ? Enfants de la modernité nous voulons être les sujets libres et novateurs de nos existences. Nous n'approuvons pas la répétition, nous valorisons la création. Nous refusons d'assumer des rôles reçus, de nous plier à des directives, d'occuper des places prédéterminées : nous voulons inventer notre propre chemin. Cependant, sommes-nous des commencements absolus, n'avons-nous rien à recevoir de ceux qui nous ont précédés, des œuvres qu'ils ont laissées ? En sens inverse, faudrait-il ne rien transmettre à la génération nouvelle, aux nouveaux venus par naissance, de peur de

7

leur imposer une culture, des modes de pensée, une religion qu'ils n'auraient pas librement choisis? Pour être soi-même ne faut-il pas s'appuyer sur ce qui précède?

Ainsi, le problème contemporain de la transmission (qui est sans doute celui de toutes les périodes de transformation) ne porte pas seulement sur la manière de transmettre, mais aussi sur ce qu'il faut transmettre (l'objet de la transmission), et plus fondamentalement encore, sur la légitimité de la transmission. Ce thème nous invite à réfléchir à notre responsabilité vis-à-vis des enfants appelés à nous succéder, c'est-à-dire à notre responsabilité face à l'avenir. Mais aussi à notre responsabilité envers les œuvres de culture du passé, envers la mémoire de l'Histoire, et les institutions qui nous ont été léguées. Nous vivons en elles, elles ne peuvent durer sans nous.

Le sous-titre « éduquer pour un monde ouvert » n'est pas un manifeste. Il indique plutôt un constat et une tâche. Un « monde ouvert » est différent d'une « société close ». Nous vivons dans un monde ouvert, la mondialisation est un phénomène majeur. Les portes et les fenêtres de notre maison sont grandes ouvertes. C'est un défi, dont nous mesurons la difficulté, dont nous redoutons les dangers réels ou supposés, dont nous éprouvons l'inconfort. Mais, ne pouvons-nous pas aussi y voir une chance? Quoi qu'il en soit, c'est dans ce monde – un monde ouvert – que nous devons exercer notre responsabilité éducative pour que ceux qui viennent puissent y prendre place.

Notre colloque porte sur l'éducation et la transmission dans les conditions actuelles. Ce thème est plus vaste que celui de l'école, bien que l'école occupe une place centrale, et qu'elle soit au centre de bien des préoccupations. Le problème de la transmission se pose dans les familles, dans les entreprises (qui portent le souci de la transmission d'une culture d'entreprise, d'une mémoire, de savoir-faire), dans les églises (affrontées à la difficulté de la transmission de la foi).

« Le Collège des Bernardins est un lieu dédié aux espoirs et aux questions de notre société et à leur rencontre avec la sagesse chrétienne. » L'éducation est l'une de ces réalités fondamentales de l'expérience humaine, où la sagesse chrétienne est appelée à rencontrer les espoirs et les questions de notre temps. Nous l'aborderons en nous situant au plan du sens de l'acte éducatif, de ses fondements et de ses déterminations anthropologiques. Sur ce plan, la philosophie (selon ses différents champs), la théologie, les sciences humaines (notamment la psychologie), l'art, ont beaucoup à dire, et ont à gagner à œuvrer ensemble. Ce colloque est un point de départ pour les travaux du département de recherche « sociétés humaines et responsabilité éducative ». Ce n'est donc pas un événement isolé et sans lendemain. En particulier, nous bénéficierons dans les mois qui viennent du séminaire sur la transmission dirigé par Marcel Gauchet, à qui le cardinal Vingt-Trois a confié la chaire des Bernardins.

Notre colloque est articulé en quatre demi-journées et une soirée. Les approches philosophiques et celles des sciences humaines, qui occuperont les deux matinées, alterneront avec les approches des sciences bibliques et théologiques qui occuperont les après-midi. Nous n'avons pas voulu enchaîner de nombreuses conférences de vingt minutes. Chaque demi-journée est organisée autour de deux conférences de trois quarts d'heure, auxquelles feront écho des répondants.

Père Jacques de Longeaux
Codirecteur du département « sociétés humaines
et responsabilité éducative »
Collège des Bernardins

★
★ ★

P.-S. : La conférence de Christian Monjou, le vendredi soir, sur « l'art vecteur de la transmission » a été un des grands moments de ce colloque. À partir de tableaux d'époques et de styles différents, Christian Monjou nous a fait réfléchir sur ce que l'art transmet, et nous a transmis sa passion. Cette conférence n'a pas été mise par écrit, et ne figure donc pas dans ces actes. Il reste la trace qu'elle aura laissée chez chacun de ceux qui y ont assisté. La version sonore figure sur le site du Collège des Bernardins : www.collegedesbernardins.fr.

L'autorité : analyse conceptuelle, mise en perspective historique et examen de ses figures actuelles

Conférence de Myriam Revault d'Allonnes
Réponses de frère Josselin Tricou et Nicolas Dujin

Conférence
de Myriam Revault d'Allonnes

On le dit partout : nous vivons une « crise » de l'autorité. Son ampleur nous paraît sans précédent puisqu'elle touche non seulement la sphère politique mais aussi la famille, l'école et même le pouvoir judiciaire. Cette évidence partagée, nul ne la conteste. Mais cerner la nature exacte de la crise et interroger la notion – « qu'est-ce que l'autorité ? » – est une tout autre affaire.

Nombreux sont ceux qui – déplorant la perte de l'autorité – nous exhortent à la restaurer, autrement dit à la rétablir dans son *état* et dans la *considération* ou dans l'*estime* dont elle devrait jouir. Il nous faudrait à la fois revenir à un paradigme perdu et regagner une reconnaissance qui fait défaut. Or jamais on ne retrouve les paradigmes perdus et, si la reconnaissance vient à manquer, il importe d'abord d'en rechercher les raisons. Mais surtout – et c'est bien par là qu'il faut commencer – ces invites à restaurer l'autorité recouvrent un contresens massif sur la notion elle-même puisqu'elles sont essentiellement des appels à réintroduire de la coercition, de l'ordre et de l'obéissance, alors que l'autorité exclut le recours à la force ou à des moyens extérieurs de contrainte. Si l'on doit y avoir recours, cela signifie qu'elle a échoué. L'autorité n'est pas – quoi qu'on en dise – « tout ce qui fait obéir les gens ». Elle n'est pas le pouvoir et elle ne se réduit pas davantage à n'être qu'un instrument du pouvoir, une « augmentation » de la domination, même si le pouvoir prend souvent le masque de l'autorité. Elle n'a précisément pas besoin de s'affirmer sur le mode « autoritaire ». Telle est la première confusion qu'il importe de dissiper et qui n'appartient pas qu'au sens commun... On résumera cette brève mise au point en disant que si le pouvoir requiert l'obéissance, l'autorité, quant à elle, appelle la *reconnaissance* et qu'à cet égard, elle se distingue aussi bien de la contrainte par force que de la pure et simple persuasion. Elle exclut l'usage des moyens de coercition mais elle ne procède pas non plus de la persuasion par arguments, laquelle présuppose une relation entre égaux. Elle ne repose donc ni sur le pouvoir de celui qui commande ni sur une raison commune. Dans la relation d'autorité, ce que les deux termes ont en commun, c'est la relation dissymétrique elle-même, dont chacun *reconnaît* la justesse et la légitimité. Le premier enjeu serait donc – à partir de ce noyau que constitue la reconnaissance – de comprendre la nature de cette dissymétrie non hiérarchique. Non hiérarchique dans la mesure où elle ne répond pas au modèle de la relation commandement/obéissance, où elle ne coïncide pas avec un rapport de domination. Dissymétrique car la légitimité tient à une certaine « prééminence », à une certaine « supériorité » de celui qui l'exerce.

Ce n'est pas tout. Au motif que la modernité a massivement récusé toute autorité procédant du divin ou de la tradition et qu'elle a cherché son fondement en elle-même, on feint de croire qu'avec cette nouvelle donne, l'autonomie des individus conduit à la perte de toute instance légitimante. Dans un monde où prévaut l'accord des volontés individuelles ne subsisterait que l'arbitraire des subjectivités, réglé au mieux par les échanges contractuels. Or c'est précisément ce qu'il importe d'interroger : le mouvement d'émancipation critique propre à la modernité a-t-il fait disparaître toute référence au tiers ? La perte avérée des modes traditionnels de donation du sens n'a-t-elle donné lieu qu'à la vacuité et au vide de sens ? Les conflits interminablement négociés au sein des démocraties modernes ne sont-ils bordés par aucun garant ? L'égalité ne souffre-t-elle la reconnaissance d'aucune dissymétrie ? Qu'est-ce qui, dans ces conditions, **fait autorité** dans une société qui s'est donné à elle-même le principe constitutif de son ordre ?

Que l'autorité ne soit plus ce qu'elle était, que son acception traditionnelle n'ait plus cours est un fait incontestable. Selon l'acception traditionnelle, on pouvait énoncer la proposition suivante : lorsque le passé est transmis comme tradition, il fait autorité. Lorsque l'autorité se présente historiquement, elle devient tradition. Voilà bien une formulation à laquelle nous ne pouvons plus souscrire.

Est-ce à dire que l'autorité « en général » s'est évanouie ? La relation d'autorité s'est-elle définitivement absentée du monde contemporain ? Et surtout, est-elle devenue obsolète ?

Il faut rappeler que la « crise » de l'autorité ne date pas d'aujourd'hui : elle est consubstantielle à l'avènement même de la modernité. Si flottantes et diverses que soient les définitions de cette « modernité », on s'accorde au moins sur l'idée qu'elle se caractérise massivement par un mouvement d'arrachement au passé et à la tradition. Elle répond à une volonté à la fois d'autofondation rationnelle et d'auto-institution politique : les deux sont inséparables et ont précisément en commun de revendiquer un mode de légitimité qui se détache non sans violence de la tradition et du passé. Lorsque la philosophie des Lumières conteste l'« autorité » porteuse de préjugés en la soumettant au crible de la raison critique, elle s'en prend certes à cette forme de précédence qu'est l'autorité énonciative, elle vise un mode d'autorité intellectuelle lié au primat d'un énoncé « ancien » (*Aristoteles dixit*). Mais cette contestation ne prend sens que sur fond d'une radicale mutation de l'autorité institutionnelle, autrement dit juridico-politique. Ce que confirme à l'évidence la source latine : *auctor* (l'auteur) et *auctoritas* (l'autorité) appartiennent, nous le savons, au même champ sémantique. Tous deux viennent du verbe *augere* : augmenter.

C'est donc la question de l'autorisation qui est ici en jeu. Puisque l'augmentation par la précédence est battue en brèche par les principes mêmes de la modernité, de quoi peut bien s'autoriser un énoncé afin de fonder sa crédibilité ? De quoi s'autorise un pouvoir – et plus généralement une institution – qui puisse entraîner la reconnaissance de sa légitimité ? Si la source de l'autorité est « déconnectée » du régime de la tradition, la modernité a-t-elle inventé une nouvelle figure de la transcendance ? Ou alors cette dernière a-t-elle disparu et avec elle l'autorité en général ?

À cet égard, rien n'est plus emblématique de ce qu'on a appelé la « crise de la conscience européenne » (ce mouvement qui va de la Renaissance aux Lumières) que l'article « autorité » de l'*Encyclopédie* de Diderot et d'Alembert.

> Qu'importe que d'autres aient pensé de même ou autrement que nous, pourvu que nous pensions juste, selon les règles du bon sens et conformément à la vérité ? Il est assez indifférent que votre opinion soit celle d'Aristote, pourvu qu'elle soit selon les lois du

syllogisme. À quoi bon ces fréquentes citations, lorsqu'il s'agit de choses qui dépendent uniquement du témoignage de la raison et des sens? [...] Ceux à qui il manque assez d'étendue pour penser eux-mêmes se contentent des pensées d'autrui et comptent les suffrages.

Ce texte (anonyme) porte non pas sur l'autorité politique, à laquelle Diderot consacre un article spécifique, mais sur le rejet du principe d'autorité en matière de connaissance. Il ne faut admettre que ce qui s'impose à la raison et écarter ce qui relève du pré-jugé, c'est-à-dire du jugement non fondé. Or ce fondement s'est déplacé et même retourné : du poids de la tradition et de l'héritage des Anciens vers la capacité d'autonomie et d'autoréflexion. Penser par nous-mêmes, « penser par soi-même », « sans préjugés », dira Kant au § 40 de la *Critique de la Faculté de juger*, énonçant ainsi l'une des trois maximes qui doivent normer l'exercice du jugement. Cette maxime, précise-t-il, est celle d'une raison qui n'est jamais « passive » et l'on « appelle *préjugé* la tendance à la passivité, c'est-à-dire à l'hé-téronomie de la raison ».

Penser par soi-même : telle est donc la maxime de la pensée *sans préjugés*. Le discrédit de la notion de préjugé est véritablement le propre de l'*Aufklärung*, il est ce qui répond à sa volonté de libre examen. N'admettre aucune autorité et se soumettre au tribunal de la raison : telle est l'exigence qui récuse la valeur absolue de toute tradition. Sa possible vérité « dépend bien plutôt de la crédibilité que lui accorde la raison. L'ultime source de toute autorité, ce n'est pas la tradition mais la raison » (Gadamer). « Ce qu'il importe de combattre, c'est précisément ce faux parti-pris en faveur de ce qui est ancien, en faveur des autorités ». D'où la nécessaire soumission de toute autorité à la raison.

Est-ce que cela signifie pour autant que l'autorité ne peut être enracinée que dans la force instituante de la tradition? Ne peut-elle s'augmenter que du passé? C'est bien évidemment sur ce point que la mise en crise de la notion est la plus flagrante car l'élément de « vétusté » propre à l'autorité – l'équivalence de l'autorité et de la tradition – a été battu en brèche par les principes mêmes de la modernité et ce, dès son avènement. Nous ne sommes plus aujour-d'hui – et le phénomène n'est pas nouveau – dans la situation où l'autorité prenait appui plus largement sur l'autorité du passé en tant que tel, ce dernier fût-il immémorial ou imaginaire en acte, in- ou a-temporel. Nous ne pouvons ni continuer comme si de rien n'était ni revenir en arrière. La crise de l'autorité – rupture du « fil de la tradition » – est d'abord une *crise de la temporalité*. Et qui plus est, elle n'affecte pas seulement l'existence politique mais aussi des sphères pré-politiques telles que l'éducation : là où l'autorité, directement étayée sur l'irréductible dissymétrie générationnelle, se donnait comme l'évidence d'un enracinement temporel. En matière d'éducation, il allait pratiquement de soi que les enfants, nouveaux venus dans un monde qui leur est étranger et qui leur préexiste, ne pouvaient y être introduits que par leurs prédécesseurs adultes (parents, éducateurs) et que ces derniers assumaient la double responsabilité du développement de l'enfant et du maintien ou de la continuité du monde. Or nous sommes aujourd'hui dans la situation où cette double exigence doit s'exercer dans un monde dont la consistance n'est plus structurée par l'autorité ni retenue par la tradition, un monde qui nous paraît souvent protéiforme. Ou encore, comme l'écrivait déjà Tocqueville, il y a plus d'un siècle, « je remonte de siècle en siècle jusqu'à l'Antiquité la plus reculée : je n'aperçois rien qui ressemble à ce qui est sous mes yeux. Le passé n'éclairant plus l'avenir, l'esprit marche dans les ténèbres[1] ». Au même moment, Chateaubriand usait dans les *Mémoires d'outre-tombe* d'une formule tout aussi saisissante : « le monde actuel, le monde sans autorité consacrée, semble placé entre deux impossibilités : l'impossibilité du passé et l'impossibilité de l'avenir ».

Si l'on prête attention à la fin de la phrase, à l'expression « impossibilité de l'avenir », on constate que Chateaubriand assigne la perte de l'autorité consacrée non seulement à la défection du passé mais aussi à celle du futur. C'est précisément à ce dernier aspect que je voudrais ici m'attacher. Et il n'est pas sans intérêt de remarquer que le monde de Tocqueville et de Chateaubriand, le monde qui succède à la fracture révolutionnaire, n'est plus tout à fait celui où s'est inaugurée la modernité (avec le rationalisme triomphant du XVIIe siècle, le sujet cartésien et la philosophie des Lumières) et il n'est pas non plus le nôtre : celui que, faute de mieux, nous qualifions d'« hyper » ou d'« ultra » modernité.

Il faut ici revenir à la manière dont la raison des Temps modernes a introduit l'historicité de la condition humaine. L'idée

---

1. A. de TOCQUEVILLE, *De la démocratie en Amérique*, GF, 1985, tome II, p. 399

que le devenir historique a lui-même une valeur ne pouvait provenir que d'un bouleversement profond par lequel se sont trouvés transformés à la fois le système du monde (par la destruction du cosmos et l'infinitisation de l'univers) et le statut de l'homme en ce système. Avec la révolution galiléo-copernicienne, l'homme moderne, dès le XVIᵉ siècle, privé de la référence à un ordre indiscuté où sa place lui était assignée – toute cohérence et toute certitude apparemment disparues – a mis en œuvre une immense curiosité théorique : elle s'est exercée dans les domaines scientifiques et techniques, elle s'est orientée vers la transformation du réel.

Mais cette curiosité n'impliquait pas seulement un effort de maîtrise technique, une activité « démiurgique » : se rendre maîtres et possesseurs de la nature. Elle supposait que le devenir historique de l'homme a *en lui-même* une valeur. Se tourner vers l'horizon de l'histoire – seule réalité connaissable parce qu'elle est précisément son œuvre propre –, telle a été pour l'homme la seule manière de répondre à l'incertitude absolue à laquelle il est livré et qui ne pouvait être conjurée que par une extrapolation sur l'avenir. Ainsi, l'apparition de l'idée de progrès, si caractéristique de l'historicité moderne, ne saurait être la pure et simple transposition de l'espérance eschatologique, de l'attente d'une réalisation des fins ultimes. Celle-ci se réfère à un événement qui fait irruption de l'extérieur dans l'histoire et dont l'homme attend qu'il accomplisse ses espérances. Le progrès est au contraire lié aux potentialités de *ce* monde et à l'activité propre de l'homme qui tente de le réaliser. Le rapport à l'avenir y est différent : l'histoire peut apparaître comme prévisible en tant qu'elle est faite par l'homme. Il faut donc que l'homme soit l'*auteur* de l'histoire pour être à même d'affirmer la possibilité d'un progrès issu de son action. C'est très précisément ce que nous pouvons désigner comme cette *autorité du futur* qui oriente l'action et lui donne sens.

Comment pourrait-on parler d'impossibilité de l'avenir si ce constat ne reposait pas, implicitement, sur l'idée que la modernité est liée à l'instauration d'une certaine représentation du devenir historique et que l'« augmentation » issue de l'autorité (l'augmentation apportée par l'autorité) – si paradoxal cela puisse-t-il paraître – ne relève pas seulement du passé, mais qu'elle procède aussi bien de l'attente d'un avenir possible. Car, avec l'avènement de la modernité, l'homme s'est compris et a compris le monde sur un mode historique. C'est donc l'inscription de l'agir dans une orientation temporelle qui amène à considérer que le futur lui aussi exerce une autorité et que les modernes ont basculé de la tradition vers la transmission.

La constitution du monde historique signifie donc que le devenir de l'humanité a un sens parce que l'homme y déploie son œuvre propre. L'homme se trouve contraint d'anticiper, de se projeter dans le futur, de lui accorder une autorité, une « précédence », autrement dit une « augmentation » par rapport à ses actions et à leur sens. Il se tourne vers l'horizon de l'histoire parce que s'y impose (et lui est imposé) le primat de l'avenir. L'historicité de l'homme est liée au projet et le présent s'organise en fonction de l'avenir. En cela réside aussi la « nouveauté » des Temps modernes : ils creusent la distance temporelle entre le passé et l'avenir en sorte que les acquis du passé – l'espace d'expérience – apparaissent de plus en plus éloignés des attentes et des aspirations portées par le présent. Les attentes, dans leur impatience – se sont de plus en plus éloignées de toutes les expériences faites auparavant (cf. Reinhardt Koselleck). Les deux champs se sont séparés : l'écart n'a cessé de se creuser entre l'ensemble des expériences que l'homme a recueillies et l'horizon d'attente où se déploient les multiples perspectives auxquelles il aspire. L'homme moderne en vient à percevoir son au-delà projectif, l'horizon de ses possibles en rupture avec les contenus et les réserves que pouvait lui fournir le passé de la tradition. L'attente n'est pas déductible de l'expérience vécue. La tradition a perdu sa capacité à configurer le futur.

Trois thématiques fortes ont alors investi ce nouveau rapport propre à la modernité entre espace d'expérience et horizon d'attente :

1- l'idée que le temps est dynamisé en force historique,

2- la croyance en une accélération liée à l'idée de progrès,

3- la conviction que l'histoire est à faire et qu'elle est maîtrisable par l'homme. C'est, pour rappeler la formule de Paul Ricoeur, une « qualité nouvelle du temps » qui s'est fait jour, « issue du rapport nouveau au futur ». Les temps modernes sont nouveaux parce qu'ils temporalisent l'histoire en instituant la différence des temps, la discontinuité radicale du passé et du présent.

Parce que ce temps nouveau est un temps accéléré, il engendre des attentes de plus en plus impatientes. Ainsi, l'accélération rend perceptible l'amélioration du genre humain: Condorcet, dans l'*Esquisse d'un tableau historique de l'esprit humain*, consacre les huit premières « époques » à l'histoire de l'humanité depuis ses origines jusqu'aux temps où « les sciences et la philosophie secouèrent le joug de l'autorité ». La neuvième époque couvre la période qui va de Descartes à la formation de la République française et la dixième envisage « les progrès futurs de l'esprit humain »: vertigineuse accélération donc que celle qui commence au moment où les hommes ne reconnaissent plus que la seule autorité conférée par la raison, celle qui œuvre à la perfectibilité de l'espèce humaine jusqu'à un terme indéfini.

Et surtout, cette accélération, conjuguée au thème de la nouveauté des Temps modernes, a arraché l'idée de Révolution à son ancienne signification astronomique (l'idée des révolutions circulaires), à l'ordre des mutations cycliques autant qu'à l'idée d'un désordre ou d'une instabilité incontrôlables (la *stasis* des Grecs). La révolution devient, comme le dira Kant, *signe* d'histoire: elle s'indique comme cet événement qui manifeste la disposition morale de l'humanité et sa « marche en avant vers le mieux ». La signification des révolutions modernes est donc sans précédent: « inextricablement liée à l'idée que le cours de l'Histoire, brusquement, recommence à nouveau, qu'une histoire entièrement nouvelle, une histoire jamais connue ou jamais racontée auparavant, va se dérouler[2] ».

Enfin, le *topos* de la maîtrise relève lui aussi d'une mutation fondamentale: la capacité des hommes à agir sur leur destin implique que le futur soit remis à leur propre arbitre. Le paradigme de la fabrication va investir le devenir historique: si nous ne comprenons que ce que nous produisons et si ce que nous ne produisons pas nous est inintelligible, il nous faut *faire* l'histoire et en dresser le plan pour la rendre intelligible. Il nous faut devenir les auteurs d'une histoire que nous pourrons d'abord dominer du regard en lui assignant une fin et qu'ensuite nous pourrons maîtriser en y lisant les étapes de la transformation effective de l'humanité. L'histoire n'est plus seulement à penser, elle est à faire. Elle est le processus même de la réalisation de l'homme parce qu'elle est l'histoire de l'homme *auteur* de lui-même.

---

2. H. ARENDT, *Essai sur la révolution*, Paris, Gallimard-Essais, 1967, p. 36-37.

L'expérience contemporaine

Si j'ai rappelé ces trois éléments, c'est parce que chacun d'eux est aujourd'hui profondément révoqué en doute : aussi bien l'hypertrophie de la rationalité technique et instrumentale que les déploiements catastrophiques des systèmes totalitaires ont remis en cause l'idée des « temps nouveaux » au moins en ce qui concerne le double fantasme du commencement absolu et de la « régénération » de l'homme nouveau. Nous n'adhérons plus aujourd'hui à l'espérance des Lumières de voir se réaliser, fût-ce de manière asymptotique, la marche de l'humanité vers le mieux. Certains y voient même une marche vers le pire. L'illimitation qui dilatait l'avenir en donnant à l'homme non seulement le pouvoir de tout conquérir mais celui de se produire lui-même – de faire l'histoire et de faire histoire – s'est aujourd'hui retournée en désillusion, voire en effroi et en terreur. Car le thème de la maîtrise, combiné à celui de la table rase, a – comme on le sait – nourri le règne du « tout est possible » : c'est bien par ces mots que David Rousset désignait la présupposition fondamentale des camps d'extermination et de concentration, ces « laboratoires » de la domination totalitaire.

Qu'en est-il aujourd'hui, après la remise en question de ces trois éléments constitutifs, de notre manière d'être au temps et, par voie de conséquence, de l'autorité du futur et du problème de la transmission ? Que reste-t-il de cette configuration de sens qui permettait au moins de comprendre que l'action s'augmentait de l'inscription dans un devenir ? La distance creusée entre l'espace d'expérience et l'horizon d'attente pouvait certes faire du passé un passé révolu – un passé dont on ne pouvait plus s'autoriser – mais elle entraînait une projection rétroactive de l'avenir sur le présent : le passé n'éclairant plus l'avenir, c'est à l'avenir qu'il revenait d'autoriser le présent. La transmission avait pris le relais de la tradition ou encore la postérité avait remplacé les ancêtres.

Nous savons – la chose a été trop souvent relevée pour qu'on y insiste – que la « crise de l'autorité » a pris aujourd'hui un caractère paroxystique en atteignant notamment des institutions comme la famille, l'école ou même la justice. Non seulement parce que le fil de la tradition a été rompu mais surtout parce que s'est effondrée l'autorité du futur. Il est clair, en effet, que l'autorité ne s'épuise pas dans la continuité de la tradition et que la crise de l'autorité ne procède pas seulement de son érosion ni même de l'arrachement à la précédence du passé. Elle se révèle aujourd'hui en pleine lumière dans l'écroulement de projets eux-mêmes liés au caractère déterminant de l'avenir. Ce qu'on a appelé à tort ou à raison « la fin des idéologies », l'épuisement des mythes révolutionnaires et des religions séculières : tout cela contribue à radicaliser la crise en ébranlant profondément notre rapport à la temporalité. Avec la disparition de l'horizon d'espérance séculière advient un temps sans promesses et l'autorité ne peut plus, dès lors, s'augmenter de cette postériorité ou de cette « avance » rétroactive qui orientait le cours de nos actions. *Le temps a cessé de promettre quelque chose.* Autrement dit, la « précédence » qui augmente l'autorité (dont elle s'autorise) ne tient pas seulement à l'antériorité de ce qui nous préexiste dans le passé, mais à l'attente d'un avenir possible : le « pas encore » ou l'au-delà projectif qui rassemble et organise nos actions. C'est pourquoi l'effondrement de l'autorité du futur marque aujourd'hui une sorte de paroxysme de la « crise » de l'autorité. C'est bien notre manière d'être au temps qui est profondément ébranlée, voire refigurée.

Dans notre expérience contemporaine, ces deux modalités sont profondément atteintes. Tel est sans doute l'un des ressorts majeurs de la crise de la société contemporaine ou, comme le signalait Castoriadis, de la crise de la « *société comme telle* pour l'homme contemporain » : le passé *et* l'avenir ne sont plus « source et racine pour personne[3] ». Mais il faut souligner que le consentement à cette double « augmentation » par l'antériorité et la postériorité n'implique pas pour autant un sens prédonné ni ne produit nécessairement des normes préétablies sur lesquelles il suffirait de se régler. Car la perte de la tradition ne coïncide pas avec l'oubli du passé : si la tradition enracine les générations successives dans le caractère prédéterminé du passé, sa déshérence n'entraîne pas la perte de la *capacité* à rouvrir un passé d'une « fraîcheur inattendue » et pour lequel « personne encore n'a eu d'oreilles[4] ». Rouvrir un passé qui ne coïncide pas avec la tradition : ou encore être à l'écoute des significations ouvertes qui appellent, aujourd'hui encore, à l'initiative et à l'invention de l'inédit.

---

3. C. CASTORIADIS, *La montée de l'insignifiance*, Paris, Seuil, 1996, p. 22, souligné dans le texte.
4. H. ARENDT, « Qu'est-ce que l'autorité ? », *La crise de la culture*, Paris, Gallimard-Idées, 1972, p. 125.

C'est probablement cette intuition qui faisait dire à Hannah Arendt, en même temps qu'elle prenait acte de l'usure irréversible d'une certaine forme d'autorité (en ce sens elle n'en déplorait pas la perte ni la disparition mais elle faisait le constat qu'une certaine *figure* de l'autorité était révolue) que le pêcheur de perles qui va au fond de la mer pour en extraire « le riche et l'étrange, perles et coraux », et les porter à la surface du jour, ne plonge pas dans le passé pour le ranimer tel qu'il fut ni pour tenter de renouveler des époques mortes. Ce qui le guide, c'est la conviction que « dans l'abri de la mer... naissent de nouvelles formes et configurations cristallisées qui, rendues invulnérables aux éléments, survivent et attendent seulement le pêcheur de perles qui les portera au jour[5] ».

Symétriquement, l'idée d'« horizon d'attente » n'entraîne pas davantage l'adhésion aux grandes philosophies de l'Histoire totalisantes, la croyance au progrès ou à la réalisation d'un « sens de l'histoire ». Ricoeur remarque à juste titre que l'idée d'« horizon d'attente » peut garder une validité universelle bien au-delà des conditions de son émergence au sein d'un certain régime d'historicité ou de « temporalisation », celui qui émane notamment de la philosophie des Lumières. Si nous devons aujourd'hui renoncer aux trois grands thèmes qui ont soutenu ce processus de « temporalisation » – l'idée de temps nouveau, celle de temps accéléré, la soumission de l'histoire au faire humain – la catégorie d'horizon d'attente reste, comme celle d'espace d'expérience, une notion structurante hors de toute fondation sur une philosophie de l'Histoire : elle produit un **horizon de sens** qui permet d'orienter l'action en dehors de toute constitution hypostasiée d'un « sens de l'Histoire ». L'ouverture à un horizon d'attente est ainsi une « méta-catégorie » ou, si l'on préfère, un « transcendantal » qui gouverne – bien au-delà de la croyance au « progrès » – la compréhension de la condition temporelle des hommes et du style temporel du monde[6]. Elle sauve la contingence sans laquelle l'autorité se fige en conservation du passé ou en dogme de l'avènement du futur.

La double précédence (augmentation) dont s'autorise l'autorité n'est donc ni la plénitude d'un passé auquel on se réfère sur le mode

---

5. « Walter Benjamin », in *Vies politiques*, Gallimard-Essais, 1974, p. 305-306.
6. Voir le tome III de *Temps et récit*, notamment le chapitre 7 intitulé « Vers une herméneutique de la conscience historique », Paris, Seuil, 1985, p. 300-345.

de la soumission répétitive ni celle d'un avenir voué à l'accomplissement (ce qui est une autre modalité de la soumission). Si l'on a pu – à juste titre – analyser la crise de la transmission à travers des phénomènes de désaffiliation ou de désinstitutionalisation du lien social ou encore de désappartenance et de désencadrement du collectif, ces analyses ont été menées le plus souvent sous le signe de la déshérence et de la perte. Or nous ne sommes pas pour autant conduits à la réfléchir sur le mode de la déploration et de la perte. C'est la durée publique, la durée vivante qui nous permet de lier l'autorité et l'initiative, l'évidence héritée et la nouveauté. Car, pour les générations nouvelles, le monde qui les accueille est toujours déjà hors de ses gonds ou sur le point d'en sortir. Commencer, c'est commencer de continuer. Mais continuer, c'est continuer de commencer.

C'est en fin de compte la force liante, l'énergie perdurante de l'*institution* qui se maintient à travers la générativité de l'ordre temporel. Car les hommes naissent dans un monde qui leur préexiste et qui leur survivra. Les nouveaux venus par la naissance sont à la fois des « nouveaux » ou des « tard venus » et des « commenceurs », mais ils ne peuvent être des « commenceurs » que parce qu'ils sont des « tard venus ». Il faut donc reprendre le problème en amont et se demander si, loin de se réduire à la contemporanéité du vivre-ensemble, le monde commun ne fait pas aussi l'objet d'un partage temporel. Car nous ne le partageons pas seulement avec nos contemporains mais aussi avec nos prédécesseurs et avec nos successeurs : avec ceux qui ont disparu et avec les vivants encore à naître.

N'est-ce pas de cette transcendance née de la *durée publique* que procède l'autorité ? Dès lors, les processus de déstructuration propres à un certain ordre social – et tout particulièrement à la démocratie contemporaine – ne sont pas seulement ordonnés à la déshérence, voire à la déliaison. Référés à la durée publique, rapportés à ce nouveau « genre d'être » qu'est l'institution, ils libèrent peut-être des potentialités encore insaisissables. C'est de cette manière d'user du temps que procède une autre vue prise sur l'autorité, dégagée des confusions qui l'obscurcissent et vouée à assurer l'existence d'un monde commun. Pas plus qu'elle ne se confond avec le pouvoir, l'autorité ne se réduit à la tradition entendue comme dépôt sédimenté.

Mais cette perspective renouvelée n'engage à aucune certitude, car sa fragilité est pour ainsi dire constitutive. Les initiatives humaines peuvent bien produire « ces actions exemplaires qui font faire un pas à la durée publique et s'inscrivent dans la mémoire des hommes, qu'elles aient duré un mois, un an ou un siècle[7] », rien ne garantit qu'elles ne se pétrifieront pas. Et l'expérience temporelle du monde que nous avons en partage se trouve – en période de crise – profondément ébranlée ou atteinte. Comme l'avait noté Tocqueville, le mode d'existence démocratique rompt la trame des temps. Il défait quelque chose de la continuité générative, en sorte que l'homme démocratique perd la trace de ses aïeux, s'éloigne de ses contemporains anonymes, oublie ses descendants... Plus encore, nous pouvons, au sein d'un même monde, ne plus nous sentir les contemporains de nos contemporains. C'est bien ainsi que s'énonce aujourd'hui la « crise » de l'autorité. Rien de plus difficile à admettre, on le sait, que l'idée d'une réciprocité dissymétrique – entre des termes incomparables – ou d'une dissymétrie non hiérarchique dans un monde où le passé ne fait plus autorité et où l'autorité a cessé d'être tradition.

Et pourtant ce constat irréfutable ne nous interdit pas de sortir des approches convenues, de sortir de l'impasse où nous enferme l'alternative de la conservation ou de la table rase. Nous pouvons rencontrer une autre manière de retenir le passé (un passé qui ne coïncide pas avec le dépôt de la tradition, un passé pour lequel nous n'aurions pas encore eu d'oreilles) et d'imaginer un avenir indéfini ; nous nous éloignons du faux mystère pour approcher l'énigme véritable. Dans un monde qui, pour chaque génération nouvelle, est au fond toujours déjà « hors de ses gonds ou sur le point d'en sortir[8] » – car tel est bien le propre de la condition humaine – qu'en est-il, non pas tant de l'autorité de la tradition – bel et bien révolue – mais de la tradition de l'autorité ou, si l'on préfère, de la tradition des commencements, qui en est la source vive ? Tout le problème est de savoir comment l'autorité, dégagée des confusions qui en obscurcissent le sens et la portée, peut aujourd'hui s'augmenter de potentialités inachevées : à la fois d'un passé vivant, réserve de sens inépuisée et inépuisable, et du caractère imprévisible d'un avenir qui s'inaccomplit.

---

7. M. MERLEAU-PONTY, *Résumés de cours*, Paris, Gallimard-Tel, 1982, p. 46.
8. H. ARENDT, « La crise de l'éducation », *La crise de la culture*, p. 246

Intervention de Nicolas Dujin[9]

Chère Madame,

Merci tout d'abord pour cette présentation stimulante, qui ouvre avec à propos bon nombre de questions envisagées par ce colloque.

Vous faites état d'une crise du sens sans écarter ni récuser ce constat que tout un chacun peut faire, dans le monde de l'éducation, du travail ou encore dans la sphère familiale. L'autorité participant de la permanence d'un monde commun, cette crise est particulièrement déstabilisante. Cependant, vous nous permettez de déplacer le questionnement en réintroduisant de la temporalité dans ce diagnostic. En effet, la question de l'autorité a été le plus souvent abordée dans ses liens avec l'espace public – un espace commun – et très peu dans sa dimension temporelle.

La crise de l'autorité du passé est un constat qui s'impose presque comme une évidence : c'est un fait que la tradition ne s'impose plus comme une référence justifiante, qu'elle ne peut légitimer et fonder entièrement l'autorité. Mais vous soulignez qu'une autre forme d'autorité, celle du futur, celle d'une foi dans le progrès est tout autant menacée. Vous avez évoqué à cette occasion la chute du mur de Berlin, référence à laquelle j'ai été très sensible en tant que professeur d'histoire. Certains contemporains avaient commencé à évoquer, face à la rupture des événements des années 1989-1991 la « fin de l'histoire »… Quel constat amer, pour un historien, devant la tentation d'employer cette expression !

Cette approche de l'autorité en ses liens avec le temps, la durée, le passage d'une génération à une autre permet de passer de l'autorité comme substantif à l'autorité comme dynamique, au verbe « autoriser ». L'autorité, telle que vous l'avez présentée au cours de cette conférence, n'est pas seulement de l'ordre de l'établi, elle est avant tout force instituante et capacité dynamique. Elle participe de la permanence du monde commun.

Le danger serait donc, pour une génération, de douter de sa capacité de commencer. Les parents, les professeurs assurent pour ces « tard venus » une double responsabilité : assurer la continuité du

---

9. Professeur d'histoire en Classes Préparatoires littéraires à Sainte-Marie de Neuilly.

monde et permettre à cette génération de se développer, d'agir dans ce monde. « Commencer, c'est commencer de continuer mais continuer, c'est aussi continuer de commencer », avez-vous expliqué. Je voudrais donc vous interroger sur la responsabilité de l'acte éducatif dans cette « autorisation » à commencer. Que seraient une parole, un geste qui autoriseraient à commencer ?

Intervention de frère Josselin Tricou[10]

Ricoeur aimait à dire qu'il tirait toujours ses nouveaux livres d'un paragraphe d'un de ses livres précédents où il restait un « nœud ». À sa manière, je souhaitais initialement vous inviter à écrire un nouveau livre, à partir d'un des paragraphes de votre livre sur l'autorité qui à mon avis était resté « noué », comme en suspens au sujet du sens de l'actuel pluralisme des valeurs. Mais j'ai pu constater avec bonheur dans la conclusion de votre exposé d'aujourd'hui un véritable prolongement de votre réflexion sur ce sujet, et, finalement, un certain « dénouement » du nœud… Bref, c'est bien sur l'interprétation à donner à ce pluralisme des valeurs, que vous constatez comme tout un chacun, que je souhaite revenir, mais avec un regard plus sociologique que philosophique.

On a tendance à dire qu'il y a une perte d'autorité, perte que vous déclinez en perte d'autorité d'abord du passé puis du futur. On en vient à se demander : « Mais où est donc l'autorité ? N'y a-t-il pas un vide d'autorité ? » Or, un regard sociologique porté sur notre réalité contemporaine nous montre que, s'il y a effectivement crise d'autorité, en éducation notamment, ou plus exactement sentiment de crise, c'est surtout du fait non pas d'un vide, mais d'un trop-plein d'autorité, d'un trop-plein de valeurs légitimantes, je dirais volontiers ici de valeurs autorisantes.

J'aimerais illustrer cette affirmation en prenant l'exemple de l'institution scolaire mais je pense qu'on pourrait faire une analyse analogue à propos de l'institution « famille » et même de l'institution « Église ». En effet, si l'on regarde l'école républicaine telle qu'elle s'est mise en place depuis la Révolution française jusque dans les

---

10. Frère des Écoles chrétiennes. Professeur de Philosophie au lycée Jean-Baptiste de La Salle de Saint-Denis. Étudiant en Master 2 de sociologie à l'École des Hautes Études en Sciences Sociales (EHESS). Membre associé du Centre de Recherche et d'Action Sociale (Ceras) du réseau Jésuite.

années quatre-vingt, on constate qu'elle s'est organisée autour de deux valeurs autorisantes : d'abord l'intégration du nouveau-venu, du jeune dans la communauté nationale – il faut en faire un citoyen – et ensuite l'égalité des chances. Voilà un compromis historiquement daté mais qui a marqué la modernité avec la force d'une évidence.

Or, aujourd'hui, ce compromis est remis en cause, il est déstabilisé par au moins deux facteurs : d'une part la diffusion dans le sens commun de la sociologie elle-même, qui a montré que l'égalité des chances était une utopie, ou du moins très difficile à réaliser, et d'autre part la mondialisation et ses conséquences en termes de mise en concurrence des systèmes éducatifs nationaux, obligeant les États à penser à nouveau frais la formation de leurs élites pour prendre leur part à la fameuse « économie de la connaissance ».

Ce qui est intéressant dans cette déstabilisation ébranlant les deux piliers de notre école républicaine, c'est qu'elle nous fait prendre conscience que d'autres valeurs autorisantes étaient possibles. D'autres valeurs autorisantes ont d'ailleurs régi et autorisé l'éducation par le passé : avant l'école de la République, il y avait l'école catholique contre-réformiste. Or, sa valeur instituante, autorisante, n'était ni l'intégration dans la communauté des citoyens ni l'égalité des chances mais la nécessité de « faire le salut des jeunes » – et en tant que frère des Écoles Chrétiennes, je peux dire que l'œuvre de Jean-Baptiste de la Salle, notre fondateur, en est assurément la plus claire expression.

Ce qui est frappant donc aujourd'hui, c'est la multiplication des valeurs autorisantes en éducation qui surgissent ou resurgissent suite à cette déstabilisation : on peut noter le bien-être des élèves qui est une revendication très forte des familles depuis les années soixante-dix, le libre-choix des familles qui avait été écarté par l'école républicaine à la fin du XIXe siècle alors qu'il était reconnu comme une valeur légitime dans la phase historique précédente, la reconnaissance des différences, notamment ethniques et religieuses, qu'a vraiment du mal à intégrer notre école de la République du fait de notre histoire nationale. D'autres valeurs autorisantes émergent encore, reprises en partie par les familles, mais issues surtout de la sphère économique, comme l'efficacité. On veut une école efficace. Mieux, on veut une école efficiente c'est-à-dire qui coûte moins cher pour un rendement égal ou supérieur, et compétitive, etc.

Bref, cet excursus par une analyse socio-historique de l'institution éducative dit bien, à mes yeux, que la crise de l'autorité, est plus le fait d'un trop-plein d'autorisations possibles que d'un vide. On le comprend aisément : plus on multiplie les valeurs autorisantes, et plus l'institution peut être l'objet d'une critique, puisqu'on critique toujours l'institution au nom des valeurs qu'elle prétend incarner et concrétiser dans la société, ou qu'on lui associe.

D'où ma question : dans cet univers « à justifications multiples » comme le dit le sociologue Luc Boltanski, un univers où les valeurs autorisantes se multiplient de manière incessante, au moins en droit – parce que dans une « société ouverte » comme dit le sous-titre du colloque, il n'y a pas de raison qu'une valeur autorisante en écarte d'emblée une autre, il n'y a pas de définition du bien commun qui soit *a priori* à mettre en-dessous d'une autre – dans cet univers, comment pourrions-nous construire un nouveau projet éducatif, c'est-à-dire un nouveau projet politique pour l'éducation ? Derrière cette question, il y a notamment un étonnement très basique : un temps de crise est toujours aussi un temps de choix et ce qui m'étonne, c'est l'absence de grand débat politique, non pas sur l'identité nationale, mais sur les valeurs autorisantes que nous voulons donner à notre système éducatif national[11].

---

11. Mme Revault d'Allonnes n'ayant pas eu le temps matériel de revoir les réponses qu'elle a faites aux deux intervenants lors du Colloque, a préféré qu'elles ne soient pas publiées.

Et tu diras à tes enfants...

Conférence de Catherine Chalier
Réponses de Gisèle Laviolle et Agnès de Calonne

Conférence de Catherine Chalier

Le titre donné par les organisateurs de notre rencontre est emprunté à un célèbre propos de René Char, « *notre héritage n'est précédé d'aucun testament* ». Que signifie-t-il ? Avons-nous besoin d'un testament pour recevoir un héritage ? Certaines personnes ne s'en emparent-elles pas avec violence et détermination, sans douter de leur bon droit, et d'autres au contraire, malgré un testament qui les désigne comme héritières, ne refusent-elles pas avec force de recevoir cet héritage ? Les premières veulent absolument s'approprier ce qui ne leur était pas promis et les secondes entendent bien au contraire se débarrasser de ce qui était censé leur revenir comme un droit ou un bienfait. C'est dire que l'intention de ceux qui rédigent – ou ne rédigent pas – un testament est bafouée, et que leurs paroles restent lettres mortes. Dans les deux cas la rupture est consommée entre les générations, le temps des unes ne passe plus au temps des autres et la notion même d'héritage perd son sens. On n'hérite pas de soi-même mais d'un autre que soi, or dans les deux cas envisagés à l'instant, c'est pourtant le soi d'une personne qui veut contraindre un autre qui n'est plus là de lui donner quelque chose ou, au contraire, qui lui dénie le droit de lui donner quoi que ce soit.

Mais que veut dire René Char ? « Notre héritage » suppose qu'il s'adresse à une génération dont il fait partie : cette génération sait donc qu'il y a un héritage – dans les œuvres du passé qui sont là, dans les livres qu'on peut éventuellement ouvrir, etc. – mais cet héritage n'est destiné à personne en particulier. Il est là, il attend que les générations veuillent bien, éventuellement, le recevoir mais ce sera à elles de faire un mouvement vers lui alors même qu'elles ignorent qu'il est *pour elles* puisque précisément il n'y a pas de testament, ou bien s'il y en a un il reste illisible et indéchiffrable, il ne fait ni droit ni sens.

Évidemment, testament – surtout dans ce lieu – fait aussi penser à ce que les chrétiens appellent le premier et le second testaments. Les juifs ne parlent pas de testament puisque ce mot latin pour traduire le grec *diatheké* (disposition testamentaire), correspond en fait au mot *berit*, alliance en hébreu.

Ce qui est éclairant pour notre phrase qui, dès lors, doit s'énoncer ainsi : notre héritage n'est précédé d'aucune d'alliance, c'est-à-dire, bibliquement, d'aucun appel auquel répondre. Ce qui donne une tonalité nouvelle et assez tragique à cette phrase de Char : nous sommes abandonnés dans le monde, aucune voix ne nous appelle à lui répondre ou bien nous n'avons pas reçu la grâce de trouver à qui répondre. Je suis consciente évidemment que pour certains c'est une délivrance, une chance ou une bonne aubaine de croire que la vie commence avec soi sans ce préalable d'un appel. C'était déjà la vision des choses des constructeurs de la Tour de Babel. Mais, quoi qu'il en soit, dans cette perspective, le mot « héritage » désigne alors la transmission et la réception, non d'un vague appel sentimental mais d'un contenu *précis* de mots, de récits, propre à cette alliance (la première ou la seconde), aux enfants qui constituent une nouvelle génération. Pour les juifs, la Torah est dite héritage « *moracha* » de tout un peuple, et le mot « *moracha* » est construit sur une racine qui signifie « réclamer, exiger » mais aussi « interroger, questionner et interpréter ». Un héritage ne se reçoit jamais purement et simplement, même quand il est précédé d'un testament – d'une alliance entre celui qui transmet et celui à qui il est destiné – on peut le réclamer, mais il faudra aussi savoir le questionner et l'interpréter pour qu'il ne soit pas un fardeau aliénant ou insignifiant, pour qu'on ne se dise pas que mieux vaut le dilapider. Dans le cas contraire, même s'il y a eu testament, il n'y a pas d'héritage, mais uniquement la rigidité d'un poids qui ne permet pas de vivre et dont on cherchera à se débarrasser à la première occasion.

René Char nous dit donc qu'il n'y a pas d'alliance entre les générations et que les nouvelles doivent se débrouiller comme elles le peuvent puisqu'elles sont abandonnées à leur sort. Pourtant, il dit aussi qu'il y a un héritage, c'est dire que, malgré les nombreuses illusions en ce domaine, la vie ne commence pas avec soi. Reste que cet héritage ne fait plus sens pour la plupart des gens de la génération de Char, une génération marquée par une sécularisation privée – par choix – de toute orientation par ce qui transcende le siècle. Mais pourquoi ne fait-il plus sens ? Peut-être, comme le dit Bergson, parce que « nous transmettons aux générations futures ce qui nous intéresse, ce que notre attention considère et même dessine à la lumière de son évolution passée, mais non pas ce que l'avenir aura rendu pour eux intéressant par la création d'un intérêt nouveau, par une direction nouvelle imprimée à leur attention[1]. » Si cette remarque est pertinente, elle ne vaut toutefois que pour des centres d'intérêts tributaires du temps, mais un héritage entre générations n'est-il fait que de cela ? N'y a-t-il pas un fil qui relie les générations entre elles qui, sans méconnaître la nouveauté, relie les humains à travers le temps ?

Ainsi, en Europe, une culture marquée par la Bible, judaïsme et christianisme, et par la tradition grecque et romaine, a patiemment tissé ce fil autour de la transmission de paroles, d'images, de symboles et de rites, de philosophie, de science, d'art et de poésie, mais aussi de combats et de grands témoignages, censés aider les hommes à vivre ensemble, à leur donner des connaissances mais aussi à éveiller et à nourrir leur *soi intérieur*, ce par quoi, selon la Bible, ils sont des personnes uniques « à l'image de Dieu ». Or voici que ce dispositif a disparu et qu'il doit être âprement reconquis par ceux qui ont encore le pressentiment qu'il s'agit d'un bien commun, à eux aussi destiné, tandis que l'immense majorité vit sans lui. Qu'advient-il alors à un héritage si faible et appauvri, à un héritage sans rédacteur – car non porté et transmis par des personnes qui en vivent réellement ? Nul doute qu'il périclite. C'est le cas des religions qui perdent leur ferveur et deviennent stéréotypées : elles n'attirent plus le *soi intérieur*, même s'il leur arrive de susciter des émotions et des élans dans le *soi extérieur* toujours tributaire d'une généalogie et d'une histoire qui, souvent, l'aliènent. Il n'y a plus alors de réel éveil intérieur et le réconfort que la personne peut, le cas échéant, trouver dans sa religion, n'est ni spirituel, ni personnel et libre, car il ne fait pas entendre la Voix créatrice en soi[2].

---

1. H. BERGSON, *La pensée et le mouvant*, (1934) Paris, PUF, 1962, p. 17-18.
2. Th. MERTON, *The Inner Experience* (1959), New York, Harper One, 2004, p. 27.

Ce tableau prend une couleur particulière dans le cas du judaïsme car, depuis la sécularisation, pour beaucoup de juifs il n'y a plus d'héritage mais tout au plus un simple dépôt, largement insignifiant puisque, dans nos pays en tout cas, il a été submergé par la culture chrétienne, voire par ce qui reste de cette culture après la diffusion des Lumières. Or souvent ce qui en reste, n'étant ni étudié ni pensé, diffuse de purs et simples préjugés ou des idées simplistes. On les rencontre souvent chez les laïcs juifs et chrétiens, bien instruits par ailleurs, mais ignorants de leur héritage. En tout état de cause, l'héritage juif, déposé dans des milliers de livres, en hébreu et en araméen, la *Torah orale* (*Torah chebéalpé*, la Torah qui est sur les lèvres) n'est pas celui des commentaires chrétiens de la Bible et encore moins celui de leur reprise philosophique, ce dont les juifs, qui estiment la sécularisation irréversible, ne prennent pas la mesure puisque, bien souvent, ils jugent inutile d'apprendre l'hébreu et d'ouvrir ces livres. Ils y liraient pourtant que l'héritage juif est celui d'un renouvellement (*hidouch*) constant des significations à l'aune d'une tradition et des nouveaux intérêts de la génération qui prend la suite d'une autre. Un des drames de la sécularisation pour les juifs n'est-il pas d'ignorer cette tradition vivante – voire de ne pas chercher à la connaître, surtout pas! – tout en prétendant qu'elle est obscure ou en affirmant que quelques idées tirées de la Bible y suppléent aisément?

Il ne s'agit pas de déplorer cette situation : il y a bel et bien un avant et un après la sécularisation, mais la question est maintenant de savoir si cet après doit abandonner l'héritage ou si une obligation demeure de considérer qu'il est un bien commun à revivifier en nous et à transmettre. Les civilisations anciennes savaient que l'humain s'arrache à l'abîme et, à mon avis, malgré la sécularisation et la promotion de l'esprit critique en toute chose, il faut encore les écouter. La certitude que cet héritage garde une puissance de sens précieuse et *neuve* pour ceux et celles qui nous sont confiés ou qui, nés de nous, ne sont pas nous, alors même qu'ils en sont largement privés, est donc centrale. Il s'agit de retrouver un fil de paroles, un fil interrompu par l'histoire et, au XXe siècle, par de terribles tragédies. Ce fil, dans la Bible, relie les générations humaines entre elles en les reliant à une origine inappropriable par le savoir, à une Voix dont l'écoute, en soi-même, nous évite parfois de nous perdre dans la grande désorientation produite par le retour du *tohu-bohu*. Celui-ci, dans la Bible, précède la parole qui fait émerger des créatures distinctes hors de sa confusion ténébreuse, mais, précisément, il revient en force dès que cette parole disparaît, devient inaudible et sans puissance créatrice.

Le verbe « transmettre » implique l'idée de faire passer au-delà de soi « quelque chose » qui, fût-il intime à soi, en est dissociable. Ce « quelque chose » constitué par un ensemble de connaissances, de valeurs et de significations, de questions et de difficultés, théoriques ou pratiques, est également fait d'émotions et de passions, d'amour et de haine, de désirs parfois inconnus de soi, d'expressions charnelles et de témoignages. Autant de signes donnés à l'autre qui, parfois, ne sait pas comment les recevoir, ni même s'il le doit. Quelle que soit la conscience de la part de « soi » qui se noue aux idées et aux connaissances, aux mots et aux images, aux valeurs et aux interdits, dans l'acte de transmettre, cette réalité – charnelle, psychique et spirituelle – où s'incarne le soi, est bien là. Sauf à se contenter du monde virtuel des programmes informatifs en guise de transmission, c'est à mon avis ce qui impose de penser que la transmission est constituée par un ensemble d'actes qui engagent toujours le soi des personnes qui en ont la responsabilité.

Pourquoi l'acte de raconter est essentiel à l'acte de transmettre

Les premières paroles adressées aux jeunes enfants, celles qui cherchent à les apprivoiser et à les rendre peu à peu moins étrangers au monde dans lequel ils commencent à vivre et à s'étonner, à se réjouir et à souffrir, relèvent généralement du genre narratif. L'acte de raconter – un conte, une légende ou une histoire – s'adressant essentiellement à quelqu'un(e), donne, à celui ou à celle qui écoute, le sentiment que son existence compte pour un autre, que quelqu'un(e) désire lui transmettre des paroles importantes et partager avec lui ou elle des mots porteurs de sens et d'espoir, ceux dont chacun(e) a besoin pour garder confiance : quelque chose en tout cas de ce bien commun dont je viens de parler. En outre et corrélativement, comme l'acte de raconter implique une certaine durée, il permet de s'initier à une temporalité scandée par un avant et par un après, une temporalité qui ne se limite donc pas à l'instant du plaisir éprouvé ou de la douleur ressentie, du besoin du moment ou d'une impulsion. Celui qui raconte doit parvenir à retenir suffisamment longtemps l'attention de ceux à qui il parle, grâce à des mots habités par ses propres émotions et par son propre désir de les transmettre ; ceux qui l'écoutent doivent pouvoir pressentir que, même s'ils ne les comprennent pas tous, ces mots sont sûrement porteurs de force vitale pour eux.

L'acte de raconter oralement, se fait avec des mots qui touchent d'abord ceux qui les écoutent dans leur chair émotionnelle, tout en éveillant leur imagination et leur intelligence. Cela ne serait pas possible si celui qui raconte voulait seulement transmettre des idées ou des informations. Raconter perdrait alors son *taam*, c'est-à-dire, sa saveur, son goût et sa signification. Raconter permet mal la fuite en avant dans l'abstraction : le rythme et la prosodie de la parole de l'orateur, sa force ou sa faiblesse émotionnelle du moment, restent inséparables de l'émergence de la signification pour celui qui écoute. Il n'entend pas des idées ; en effet, il écoute un verbe, un verbe fait de chair et d'esprit ; il vit au diapason d'une scansion qui, parfois en tout cas, a pour lui la saveur et le goût de la vie, à l'instant même où elle suggère une signification.

Raconter constitue un acte essentiel dans l'histoire des anciens Hébreux. Dans la Torah, les parties narratives alternent avec les parties prescriptives, de façon indissociable. Les premières sont fondatrices mais, sans les secondes, le seraient-elles ? Raconter est donc une obligation religieuse, une *mitsva*. Ainsi, est-il prescrit à l'Hébreu qui parviendra en terre promise de se souvenir de ce qui advint à ses pères et de le raconter au cours d'une cérémonie rituelle. Il devra apporter une offrande et commencer à raconter, « à haute voix devant l'Éternel » (*Dt* 26,5), que son père était un enfant d'Aram, qu'il fut errant puis qu'il descendit en Égypte et y vécut en étranger, etc. Il devra encore raconter que l'Éternel entendit la plainte de ses ancêtres, qu'Il les fit sortir d'Égypte et, après de longues pérégrinations dans le désert, qu'Il finit par les introduire sur une terre où « coulent le lait et le miel » (v. 9). En obéissant à la *mitsva* de raconter, l'hébreu relie ainsi son présent et ce passé. L'acte de raconter s'insère ici dans un rite, il prend appui sur lui et en constitue un aspect essentiel. La transmission qui se produit, grâce à ce dispositif, donne un *orient* aux individus, elle leur parle du *passé* et leur donne un élan pour *aller de l'avant*. Trois fonctions que la langue hébraïque signifie par une seule et même racine : *quedem, quodem, quadima*. Le rite, dans ce cas, est censé permettre de relier ces trois aspects essentiels d'une vie humaine, en vouant à un renouvellement de l'origine sous l'effet de la parole vive.

On raconte, dit une histoire hassidique, que lorsque le Baal Chem Tov apprenait qu'un grand malheur était sur le point d'arriver, il partait dans la forêt. Dans un endroit qu'il connaissait, il allumait un grand feu et il disait une prière. Le monde était alors sauvé. Après lui, son disciple faisait de même, mais il ne savait plus dire la prière, il se contentait donc d'aller dans la forêt, à l'endroit voulu et d'allumer le feu. Le monde était encore sauvé. Après lui, son disciple se souvenait uniquement qu'il devait aller dans la forêt, il ne savait plus où exactement, il avait oublié comment allumer le feu et il ignorait les mots de la prière. Il se contentait donc de dire à Dieu qu'il savait qu'il avait oublié tout cela et il lui demandait, malgré tout, de sauver le monde. Et cela advenait. Après lui, son disciple ne savait plus où était la forêt, alors il se contentait de raconter l'histoire du Baal Chem Tov et il demandait à Dieu de sauver le monde parce qu'il se souvenait encore de l'histoire. Son propre disciple savait qu'il ne savait plus même raconter l'histoire mais, malgré tout, il demandait à Dieu de sauver le monde parce que, si quelqu'un lui racontait l'histoire, il savait qu'il la comprendrait encore. Mais, après lui, son disciple savait bien qu'il était trop tard et qu'il ne comprendrait plus l'histoire si on la lui racontait, malgré tout il s'adressait encore à Dieu et il Lui disait : « Sauve le monde parce qu'il reviendra un jour un homme qui saura où est la forêt, qui retrouvera l'endroit, qui saura allumer le feu et qui dira la prière[3]. »

Au contact des mots du Baal Chem Tov racontant l'histoire, explique l'un de ses disciples, « s'éveillait la mélodie secrète de chacun, la mélodie enfouie que l'on croyait morte, et chacun recevait

---

3. Célèbre histoire hassidique. Rabbi ben ELIEZER, le Baal Chem Tov (le maître du bon nom) est considéré comme le fondateur du mouvement hassidique (1700-1760 environ) en Podolie et en Volhynie. Voir, pour cette histoire, G. SCHOLEM, *Les grands courants de la mystique juive*, trad. Marie-Madeleine DAVY, Paris, Payot, 1960, p. 368 et. L. ASKENAZI, *La parole et l'écrit*, t.1, Paris, Albin Michel, 1999, p. 366 pour cette dernière citation.

le message de sa vie perdue, la nouvelle qu'elle était toujours là et le réclamait. Il parlait à chacun, à lui tout seul, il n'y avait personne d'autre que lui, tous étaient lui : il était le récit[4]. » Perdre peu à peu les détails du rite et oublier les mots de la prière, ne plus connaître le récit tout en gardant un vague souvenir qu'il y avait jadis un récit que quelqu'un connaissait – un récit qui semblait important, voire décisif pour le monde – se produit quand gestes et mots transmis sont désertés par cette capacité d'éveiller, chez les nouveaux venus, la mélodie (le *nigun*) du secret qui est à la source de leur vie (ce que j'ai appelé le soi intérieur tout à l'heure). N'est-ce pas parce qu'on ne sait plus raconter que les détails d'une histoire, jadis essentielle, s'estompent peu à peu, pour disparaître dans l'indistinction et dans l'insignifiance, dans l'absence de goût et de saveur (*taam*) ? La transmission se sclérose alors tant que l'oubli de l'oubli prévaut l'oubli, au point que nul ne sache plus qu'il y avait jadis quelque chose à raconter, un lieu où aller, un feu à allumer, une prière à réciter et un Dieu auquel s'adresser. Ceux qui se trouvent sous l'emprise de l'oubli de l'oubli n'éprouvent plus de nostalgie. L'idée même qu'ils aient en eux une mélodie secrète qui pourrait s'éveiller leur semble absurde.

Après les malheurs extrêmes du XXᵉ siècle, l'impuissance des générations nouvelles à reprendre le fil d'une narration censée tisser un lien vivant entre le passé et le présent, car elles affrontent le gouffre béant d'un avant sans après, et d'un après sans antériorité qui appelle une suite, leur impose-t-elle le silence ? Le danger est alors que l'irréalité d'un passé sans suite, tel celui qui s'est arrêté dans les camps d'extermination, en même temps que la vie de millions de personnes – en particulier des millions d'enfants qui ne sont pas devenus des adultes – doive alors hanter le présent avec une puissance d'autant plus imprévisible qu'elle reste intransmissible par la parole. Les générations nouvelles sont incapables alors de raconter comment leur « après » succède à cet « avant », puisque cet « avant » là n'a pas eu de suite[5]. Privées d'un commencement de

---

4. M. BUBER, *La légende du Baal-Chem*, trad. H. HILDENBRAND, Monaco, éd. du Rocher, 1984, p. 131.

5. Cf. P.-M. KLEIN, *Logique de la mort*, Paris, éd. du Cerf, 1988, p. 32. Voir également, p. 135 : « Reste que l'on naît aussi à la suite de cela, qui n'a pas de suite. Dans cet après très vide, et pourtant très vivant, manque le commencement, le commencement exterminé. »

leurs vies qui puisse être éclairé par des paroles qui leur racontent comment leurs vies de maintenant succèdent à celles de leurs ancêtres, elles manquent de l'élan indispensable pour vivre.

Pourquoi expliquer et démontrer ne suffisent pas

Aux antipodes des mots du poète, « ce que jamais je ne saurai, c'est ce que je dois enseigner[6] », nous pensons souvent que nous devons avant tout transmettre un savoir dûment établi. Or, quand on transmet un savoir, on apprend évidemment quelque chose de fondamental à l'élève tout en le sollicitant dans ce qu'il a de commun avec soi : sa capacité à réfléchir et à raisonner. Le « soi » qui transmet et le « soi » qui reçoit doivent se retrouver sur ce terrain commun.

Pour ce qui concerne l'héritage biblique qu'est-ce que cela signifie ? On sait qu'au XVIIe siècle Spinoza a proposé une méthode de lecture critique de la Bible et il distingue, rigoureusement, le savoir qu'il est possible d'établir de ce Livre, grâce à la philologie, à la grammaire, ou encore à l'histoire, savoir qui relève de la vérité, de l'attitude spirituelle qui, elle, n'en relève aucunement[7]. Selon lui, seul le savoir peut et doit se transmettre en toute objectivité, sans volonté d'emprise sur quiconque. Le savoir permet seul de s'émanciper d'un héritage d'opinions et de préjugés qui, trop souvent, pèse sur les hommes et emprisonne leur intelligence. Il semble, aux modernes que nous sommes, que ce partage doive faire loi, avec cette conséquence inévitable, de réduire la spiritualité à l'imaginaire ou à une vague opinion sans consistance. Pour contrer les lectures fondamentalistes des grands textes religieux, les modernes considèrent souvent que le seul rempart est le savoir, la méthode historico-critique. Vouloir transmettre autre chose, s'attarder à enseigner une façon de lire qui ne dissocierait pas le Livre et le soi des lecteurs, paraît absurde. Que les phrases des grands textes religieux puissent devenir interprétantes du soi – d'une personne et d'une communauté – qui les lit, autant qu'elles sont interprétées par lui, devient

---

6. E. MUIR, *Le lieu secret, poésie,* trad. A. SUIED, éd. de l'improbable, 2002, p. 11.
7. Voir *Le Traité théologico-politique,* trad. J. LAGRÉE et P.-F. MOREAU, Paris, PUF, 1999, ch. 7.

intransmissible, ou remis à la seule responsabilité de la sphère privée. Les institutions publiques et laïques l'interdisent.

On transmet en effet des connaissances, une érudition, ou encore, on consigne dans des encyclopédies l'état du savoir pour le rendre accessible à tous, mais le soi des personnes et des communautés en est dissocié. C'est, suppose-t-on, affaire privée. Le savoir n'attend rien de particulier de ce soi, il le laisse libre de conduire sa vie comme il l'entend. Le Bien, cherché par Platon ou par Plotin, émet des exigences, le Dieu de la Bible parle à ce soi, mais la réflexion théorique *sur* le Bien chez Platon ou chez Plotin, ou *sur* le Dieu de la Bible, laisse toujours indemne. Il faut et il suffit donc de transmettre un savoir *sur* les philosophes ou *sur* la Bible aux élèves pour accomplir sa tâche, honnêtement, en toute conscience. Ce qui, d'ailleurs, est beaucoup : il y faut, en particulier, patience et compétence, qualités de clarté dans le travail d'explication et de réponse aux questions, de rigueur logique dans les démonstrations, etc. Mais cette tâche, noble et essentielle, laisse de côté, comme tout à fait impertinente, la question de savoir si ce Bien ou ce Dieu, d'une part, et le soi des personnes présentes dans l'acte de transmission, de l'autre (professeur et élèves) ont le moindre rapport entre eux.

La spécialisation du savoir, de plus en plus étroite, rend cette interrogation impertinente puisqu'elle peut rarement se poser à propos de chacun des « objets » qui sollicitent l'investigation savante. Mais ce qui me semble important à relever c'est que le « désenchantement » du monde, cher à Max Weber[8], produit par le « progrès » de la science et de la technique a aussi influencé l'acte de transmission. Celui qui propose des explications et des démonstrations, à propos d'un « objet » du savoir, s'en distancie : il ne parle pas *depuis* cet objet, il parle *de* lui, *sur* lui. Cette attitude est d'abord une garantie d'honnêteté intellectuelle, elle exige que chacun s'efface devant son objet d'étude, qu'il choisisse les meilleurs concepts et, le cas échéant, les meilleures expériences, pour rendre claires et distinctes des données confuses. Que le savoir soit un des plus grands biens à cultiver et à transmettre, qu'il ouvre les chemins de l'émancipation à ceux qui sont opprimés ne fait pas de doute. Qu'il vise une universalité indépendante des particularités généalogiques,

---

8. M. WEBER, *Le savant et le politique*, trad. Paris, Plon, (1959), 1963, 10-18, p. 70.

sexuelles, religieuses et culturelles du soi qui l'élabore, le transmet ou s'initie à lui, constitue un horizon de liberté très précieux, à transmettre avec insistance, surtout auprès de ceux tentés par la violence de points de vue absolus. Mais doit-on pour autant estimer que le savoir constitue, désormais, le plus haut accomplissement de l'humain et que la spiritualité trouve en lui seul sa vérité ?

Transmettre, ce n'est pas informer

Au sein des sociétés occidentales surtout, la grande et révolutionnaire injonction de respecter la liberté des consciences qui s'était imposée, après de durs combats, contre l'Église en particulier, s'est peu à peu transformée en désir de ne rien imposer aux nouvelles générations, voire de ne rien leur proposer, en fait de traditions religieuses ou philosophiques. Ce serait là un étau dont il faudrait les alléger, soit parce qu'il n'a plus de sens désormais pour l'adulte face à ses enfants ou à ses élèves ; soit parce que cet adulte s'interdit de les obliger à le suivre sur ce chemin, freine son enthousiasme ou dissimule la passion qui l'anime. Le peu de cas fait pour la transmission de la culture classique, l'intense méfiance manifestée à l'égard de la culture religieuse et spirituelle se pare d'une double considération : le souci de l'efficacité et de la liberté. Nul besoin de tout cela pour faire son « salut » dans un monde en proie à tant de tourments ; inutilité et nocivité de cette culture au regard de l'autonomie des choix. Les enfants confiés aux adultes auront tout le temps « plus tard » de s'informer en matière de philosophie, de sagesse, ou de religion surtout et, s'ils le désirent, ils en étudieront une en particulier, voire l'adopteront. Les conséquences, à brève échéance, de cette retenue apparemment vertueuse, sont diverses, mais deux d'entre d'elles s'imposent à quiconque s'intéresse à l'acte de transmettre : le sentiment de devoir s'excuser, auprès des plus jeunes, de leur dire ce qui a un sens profond pour soi, voire d'en éprouver une certaine gêne ; le constat d'une ignorance massive, après une génération, du contenu et des significations de la culture qui, au fil des siècles, a mis son empreinte sur les pays où ces enfants vivent. Cette ignorance n'est pas éprouvée comme telle, elle ne suscite pas de nostalgie, nous sommes bien dans le cas de l'oubli de l'oubli évoqué tout à l'heure.

On critique souvent, à l'école, ceux qui transmettent les « humanités » à leurs élèves, avec une passion intérieure perceptible car ils laisseraient percevoir ce qu'ils pensent et ce qui les fait vivre. Ce serait un manquement au devoir de réserve, de neutralité, voire à l'indispensable distinction entre le privé et le public. En outre, ils ne seraient plus en phase avec ce qui intéresse ces élèves et cet argument démagogique vise à faire disparaître, peu à peu, les dites humanités du champ éducatif. Dans ce contexte, marqué par la volonté de tout évaluer en termes d'utilité, transmettre les « humanités » sans enthousiasme devient la meilleure façon de les rendre insupportables à une génération soucieuse d'efficacité à court terme. S'il convient de s'excuser en s'abritant derrière l'autorité du « programme » pour commencer à expliquer des tragédies de Racine ou la philosophie de Platon, plutôt que le faire, avec enthousiasme, parce que ces tragédies ou cette philosophie ont éclairé – et éclairent encore – sa propre vie, cette transmission restera sans force. Ce sera une matière au programme, mais les nouvelles générations n'en percevront pas le sens profond pour leur vie parce que celui qui les transmet n'en vit pas. Quand ce qu'on transmet s'oppose au « despotisme de l'opinion et donc des préjugés répercutés par les médias, la loi qu'est bon ce qui est performant[9] », il faut y mettre de soi en effet.

Il ne s'agit pas là du désir d'imposer « ses idées » aux élèves, c'est au contraire estimer qu'ils ont besoin de prendre une distance vis-à-vis du tourbillon d'informations qui les captive, en toute aliénation, en tout mimétisme et en toute manipulation souvent. C'est soutenir qu'il faut pouvoir disposer d'un ancrage « ailleurs », dans une culture qui n'est pas nécessairement revue au goût du jour, pour émerger comme « soi » unique, responsable et libre, capable de juger et de s'intéresser à autre chose, précisément, qu'à ce que ce goût prescrit, de façon séduisante et autoritaire, tributaire d'un conformisme ravageur et dangereux pour l'esprit critique, la responsabilité et la liberté. C'est donc aussi un impératif politique.

L'adage du « choix ultérieur » de l'enfant, en matière de religion ou de philosophie de la vie, sous prétexte de son autonomie – alors qu'il est en situation de profonde dépendance vis-à-vis de ses pairs

---

9. J.-F. LYOTARD, *Le postmoderne expliqué aux enfants*, Galilée, 2005, p. 141.

et des opinions dominantes – ratifie, en fait, l'abandon pur et simple des dites religions ou philosophies à la domination de la culture scientifique et technique, mais aussi aux idéologies et aux modes du moment. On pourrait choisir une religion ou une sagesse, comme on choisit tel ou tel objet de consommation, comme on aime à pratiquer un sport plutôt qu'un autre, ou encore comme on est enclin à s'informer sur tel ou tel sujet en fonction de ses intérêts ou de ses passions. Ce serait, en tout cas, secondaire, par rapport à ce qui compte : un bagage pour réussir sa vie dans une société marquée par une compétition généralisée, cruelle pour les faibles et peu soucieuse des générations qui viendront ensuite. Cette opinion confond, dans le cas précis des religions et des philosophies, et généralement seulement dans celui-ci, l'acte de transmettre et celui d'endoctriner. Il arrive certes que cela soit le cas et qu'après avoir subi une telle éducation, des parents souhaitent ne pas en répéter la violence sur leurs enfants, mais ils lui substituent alors une autre violence, plus indolore et subtile. Ne rien transmettre en la matière, c'est presque toujours, transmettre un abandon d'une dimension importante du lien symbolique, singulier et irremplaçable, qui relie un enfant aux générations qui le précèdent dans sa lignée. Or, malgré leurs prouesses, ni la science ni la technique ne peuvent, sans ravages, se substituer purement et simplement à ce lien.

Ces symboles, ces récits, et même ces rites et ces mythes, constituent un lien entre les générations qui permet à une personne de se situer dans une lignée *humaine*. Non pas parce qu'elle lui appartiendrait corps et âme, sans responsabilité et sans liberté donc – ce que l'on reproche au fameux communautarisme – mais parce qu'elle sait que l'humanité de sa vie tient à des paroles qu'une longue chaîne de personnes se sont transmises l'une à l'autre. Des paroles dont on peut discuter la signification, l'ampleur universelle ou étroitement particulariste, à l'unique condition qu'elles aient été transmises, plutôt qu'enfouies dans l'insignifiance d'un mépris ignorant qui rend les jeunes générations étrangères à leur mémoire. Elles deviennent ainsi, sans l'avoir choisi, incapables de percevoir comment les livres millénaires qui consignent ces paroles gardent une nouveauté de sens inépuisable, elles sont privées de leur héritage, sans nostalgie et sans colère apparentes. Cette situation les rend d'ailleurs souvent étrangères à leur propre culture (littéraire, artistique) et livrées, sans le recul qui permet de l'apprécier, à ce qui s'impose désormais, indistinctement aux uns et aux autres, comme substituts d'une transmission interrompue.

En contrepoint de ce délaissement si peu nourricier, la réalité virtuelle, entrevue par les prouesses de plus en plus quotidiennes des ordinateurs, tient souvent lieu d'écoute, de paroles et de compagnie. Son imaginaire illimité, parfois incitatif à la haine et à la perversion, prévaut sur la transmission des mots et des symboles qui permettent d'analyser et de comprendre la réalité. La dépendance grandissante, dès un très jeune âge, à l'égard des machines – la nécessité de rester branché, presque constamment – ne peut, sans tromperie, être prise pour un gage d'autonomie et de maturité. L'autonomie qui semble encouragée – chacun, seul avec ses questions devant son ordinateur – est fallacieuse si elle ne s'accompagne pas d'une culture préalable qui donne le goût et la compétence de chercher autre chose que des lieux communs, de s'étonner des réponses obtenues ou de la pauvreté qu'il y a à penser en « mots-clés ». Le règne des opinions, la banalité navrante de la plupart des échanges et la relativité de toutes choses ne font pas une culture.

La nécessité de témoigner, même de l'intransmissible

« La douleur de la persécution antisémite, dit Levinas, ne se raconte que dans la langue de la victime : elle se transmet par des signes qui ne sont pas interchangeables[10]. » Certains lecteurs considèrent cette thèse comme un enfermement dans un particularisme condamnable, soucieux de donner à cette persécution-là un statut à part parmi les souffrances humaines. Comment comprendre ce propos alors que Levinas a fait le pari de l'universel en choisissant d'être philosophe ?

La douleur est-elle en effet transmissible par la philosophie ? Le logos cherche à l'apaiser en l'expliquant en fonction de diverses causes et, surtout, en lui donnant du sens. Les partisans de l'universel veulent faire taire ce que la douleur a d'irréductible et d'unique, pour qui en pâtit, en exigeant – sous couvert de n'oublier personne – de faire de chaque douleur, « un cas particulier » de la

---

10. E. LEVINAS, *À l'heure des nations*, Paris, éd. de Minuit, 1988, p. 56. À propos du rouleau d'Esther dans la Bible qui raconte la persécution des juifs par Haman.

douleur en général. Dans le cas de la persécution antisémite, cela ne signifie pas que, pour Levinas, l'hébreu (en l'occurrence) soit une meilleure langue que le grec (langue de l'universel) pour en témoigner ; cela ne veut pas davantage dire qu'il déconsidère les autres persécutions et cherche à donner un statut exclusif, voire essentialiste, à la persécution du peuple juif[11]. Cela atteste seulement que, dans cette langue-là, dans ce qui leur reste de cette langue transmise de génération en génération, grâce au Livre, et, dussent-elles souvent en avoir oublié jusqu'au premier mot, les victimes actuelles de la persécution antisémite parviennent à penser, un peu du moins, ce qui leur arrive. Cette persécution-là n'est-elle pas liée à ce qui se dit dans ce Livre, écrit en hébreu et transmis aux nations, en grec, puis dans toutes les langues du monde ?

La généralité du concept et, dès lors, l'insistance sur la généralité des souffrances, semble, à première vue, plus magnanime : toutes les persécutions sont intolérables, disent ses défenseurs, aucune ne doit prendre la préséance sur l'autre dans les esprits. Mais, une fois érigées en principe absolu, cette généralité et cette soi-disant générosité chargées d'établir une équivalence entre toutes les souffrances, afin de les penser toutes sans exception, de dénoncer toutes les injustices et toutes les persécutions, acculent, de fait et en droit, à l'oubli de celui qui, ici et maintenant, souffre de façon singulière. On peut, parfois, soulager la souffrance d'une personne précise ou rendre justice à un groupe humain pris dans une tourmente historique et sociale précise, on ne peut le faire à l'égard de la souffrance en général ; la généralité du concept de souffrance – ou d'injustice, ou de persécution – n'engage d'ailleurs personne à lui répondre. Un concept ne demande rien à personne. Sa nécessité est ailleurs : dans la clarté qu'il apporte pour penser, pour juger et pour connaître ; ou encore, dans la justification qu'il permet des principes politiques qui guident une action, par exemple. Construit par l'esprit humain pour transmettre ce qui semble avoir un statut partageable avec autrui, de façon universelle et non violente, le concept se heurte pourtant, au cœur de l'humain, à une résistance irréductible. La souffrance, mais

---

11. Voir, dans cette optique, J. BUTLER, *Le récit de soi*, Paris, PUF, 2007, et sa condamnation de Levinas comme « raciste ». Les quelques pages précipitées, consacrées à ce philosophe, basées sur une citation hors tout contexte d'analyse, sont un bon exemple de lecture « idéologique » et politiquement correcte. Relèvent-elles de l'école du « parler patient » défendu par Levinas ?

aussi l'amour, la foi et l'espoir, pour se limiter à ces quelques exemples, sont intransmissibles par lui, son abstraction échoue à les dire.

À moins de se résigner une fois pour toutes à l'incommunicabilité des hommes, de leurs expériences et de leurs cultures, dans l'espace et dans le temps, avec son corollaire paradoxal en quoi consiste souvent la thèse du relativisme des valeurs (sous peine d'impérialisme) et, en même temps, la prétention à l'égalité de toutes les souffrances (sous peine de racisme), il faut penser autrement la réalité sensible de ces expériences humaines intransmissibles par le concept. Que parmi elles, celle de la persécution ait un statut propre s'explique par le fait que la persécution vise toujours le « soi » d'une personne ou d'un groupe humain dans ce qu'il a d'irréductible précisément. On ne persécute pas des idées, on ne persécute pas des religions, on persécute ceux et celles qui en témoignent dans l'Histoire.

Vivre de paroles transmises n'est jamais un acquis, cela ne constitue jamais non plus un héritage qu'il suffirait de garder jalousement ou de mettre sous le boisseau, par précaution ou par calcul, en se disant qu'il servira peut-être, plus tard, dans sa vieillesse ou aux temps difficiles. Le croire reviendrait en effet à faire pactiser l'héritage de ces paroles avec la mort davantage qu'avec la vie, avec la tristesse ou la résignation davantage qu'avec la joie ou l'espérance, avec l'aliénation davantage qu'avec la liberté. Le lien de paroles entre les générations n'oriente les plus jeunes vers la vie qu'à condition d'éclairer leurs jours – maintenant – et non de servir comme rempart contre une souffrance toujours possible. Que ces paroles prennent source dans une tradition religieuse ou philosophique, qu'elles résultent d'une pensée qui célèbre l'immanence, ou encore qu'elles s'adossent à une histoire partagée avec des ancêtres, ne change rien sur ce point. Toutes les paroles transmises sont tributaires de leurs témoins humains, avec leur faiblesse et leur force, leur révolte ou leur espoir, leur oubli ou leur fidélité. Elles courent le risque d'être abîmées par ces passeurs, et d'être transformées en outils de résignation ou de colère, voire en célébration du pire. Elles n'ont pas, à elles seules, le pouvoir de s'imposer comme une force vivifiante et c'est bien pourquoi les actes de la transmission et les acteurs de la transmission occupent une place décisive.

Les actes de transmission ont bien un contenu de sens et de connaissances, ils ne peuvent être laissés à la discrétion des sentiments et des émotions. Mais ce contenu n'a de chance de parvenir au « soi » d'autrui, avec, bien sûr, la charge pour lui de le recevoir et de le faire vivre de façon nouvelle et singulière, au risque de sa liberté, qu'à condition d'avoir été transmis par ceux et par celles qui, un instant du moins, ont été « signes » pour lui.

Je voudrais revenir pour conclure à l'histoire hassidique racontée tout à l'heure. Dans la version que j'ai donnée, elle laisse entrevoir que reviendra quelqu'un qui retrouvera l'endroit dans la forêt où le feu était allumé et la prière récitée pour que le monde soit sauvé. Ce n'est pas la seule version ; dans une version plus pessimiste, l'histoire se termine par la perte irréversible de tout cela et le monde s'enfonce dans ses tragédies sans paroles transmises qui l'orientent vers ce qui le sauve. Aujourd'hui certaines personnes, désillusionnées par le siècle, veulent « faire retour » à ce qui n'a pas été transmis et « revenir » à une façon de vivre et de croire dont elles imaginent qu'elle a été immuable. Ce qui est une autre illusion, dangereuse de surcroît. Elles retrouvent rarement ainsi un héritage qui fait vivre mais plutôt un héritage dont elles imaginent qu'il pourra leur épargner de faire face à la précarité de toutes choses. On peut venir à ce qui n'a pas été transmis, on ne peut y revenir ; on peut aller chercher son héritage, le découvrir avec joie et s'étonner de sa capacité à éveiller ce que j'ai appelé son « soi intérieur », mais on ne peut pas faire retour à lui comme s'il nous attendait, intangible. Un héritage – sauf s'il est criblé de dettes impayables et, dans ce cas, on y renonce généralement – est censé aider la vie des nouvelles générations, il n'est pas fait pour les mortifier ou leur épargner le risque. Le dynamisme du temps, la nouveauté, font partie intégrante de la transmission et on ne revient pas en arrière dans l'ordre des générations. Toutefois, comme l'enseigne le Talmud (*Soucca* 46b), pour dire des paroles nouvelles – pas celles anonymes qui sont dans l'air du temps et qui usurpent le qualificatif de nouvelles – il faut se donner de la peine et commencer par apprendre à écouter des paroles anciennes. Non pour les répéter comme telles mais pour, de génération en génération, en faire grandir le pouvoir de signification. « Si tu écoutes les enseignements anciens, tu écouteras les nouveaux, mais si ton cœur s'en détourne, tu n'entendras plus rien ».

Intervention d'Agnès de Calonne[12]

Madame,

Vous insistez dans votre intervention sur le rôle fondamental de la transmission, c'est-à-dire du lien vivant entre les générations. *La transmission est vitale.* Elle ne doit pas aborder seulement la question du savoir. Elle ne doit pas se limiter aux disciplines scientifiques. Elle doit aussi aborder la question du soi, la question de la spiritualité et la question de la généalogie. Cela signifie qu'elle doit donner à chacun conscience de sa filiation divine en présentant la filiation charnelle : la Torah transmise de génération en génération, une Parole transmise de génération en génération.

Pourquoi la transmission est-elle vitale ?

Vous évoquez plusieurs raisons : elle permet à chacun de prendre conscience de sa *dignité*.

La véritable transmission suscite aussi la pensée autonome, elle donne à chacun de construire sa *propre réflexion*. Elle favorise le questionnement, le doute, la force critique. Elle provoque l'examen des opinions reçues passivement. Elle éduque à l'étonnement et aide chacun à être maître de sa pensée. La référence à un héritage doit conduire à la *liberté* et, ce faisant, elle est porteuse de vie. Celui à qui l'on transmet a en effet le désir de découvrir par lui-même les merveilles du monde. Dans la tradition judaïque, faire mémoire du Dieu de la Torah, c'est faire mémoire d'un Dieu qui libère de la servitude. La véritable transmission s'appuie sur l'idée que chaque personne humaine est appelée à prendre sa place dans la chaîne des générations pour élargir la pensée et non pour être soumise.

La véritable transmission rend libre et donne le désir de vivre.

Mais les actes de transmission sont fragiles. Pour que la transmission soit réellement porteuse de vie, il faut certaines conditions. Celui qui transmet peut, volontairement ou non, tomber dans le piège de *l'endoctrinement*, il peut chercher à imposer des certitudes, à aliéner la vie d'autrui, à avoir une emprise sur autrui. Ma première question est donc celle-ci : *quelles sont les conditions essentielles pour que la transmission suscite la vie et la liberté de l'autre ? Comment éviter*

---

12. Professeur de philosophie au lycée Sainte-Geneviève d'Asnières.

l'endoctrinement ? Cette question se pose particulièrement si celui qui transmet est animé de fortes convictions. *Ne faut-il pas trouver un juste milieu entre une transmission qui se ferait muette par peur de nuire à la liberté de l'autre et une transmission trop autoritaire qui chercherait à dominer ?* Cette question est particulièrement importante dans l'enseignement, car les élèves croient souvent que la transmission d'un héritage nuit à la liberté et que penser librement, c'est penser seul.

Ma deuxième question est la suivante : Quelles sont les conditions pour que la transmission éveille le désir de celui à qui l'on s'adresse et lui permette de tendre vers autre chose que les satisfactions immédiates et éphémères ? Cette question se pose aux enseignants, aux éducateurs, aux parents que nous sommes. Comment donner à celui à qui l'on transmet le désir de construire sa propre pensée et de se construire en tant que sujet libre ? La transmission se heurte à des obstacles : celui à qui nous nous adressons peut avoir une trop grande estime du monde et de ses sollicitations. Il peut manquer de disponibilité pour la réflexion. En outre, la démarche de réflexion est exigeante et difficile, il peut sembler plus facile d'y renoncer en épousant les opinions de son temps. Comment transmettre le goût de la vraie vie ? Comment éveiller l'âme, comment lui enseigner qu'elle a une affinité avec la vérité et qu'elle est capable de raisonner ? Comment montrer à celui auquel nous nous adressons qu'il peut penser sans répéter le discours ambiant ?

Réponse de Catherine Chalier

Je fais une distinction très importante entre le concept d'autonomie et celui de liberté : je ne dis pas du tout que la transmission vise l'autonomie de l'élève. Je crois au contraire qu'il est illusoire de croire que ces deux concepts sont synonymes. L'autonomie, étymologiquement parlant, signifie se donner à soi-même sa propre loi. L'acte de transmission ne repose pas sur l'idéal d'autonomie puisqu'on propose à l'élève – on ne lui impose pas – de recevoir un héritage censé le relier à d'autres et l'élever précisément vers son humanité. Cet héritage culturel, symbolique, etc., est indispensable en effet pour qu'il puisse se situer dans une lignée humaine, y prendre place comme un maillon précieux et y apporter sa part unique de création. Telle est pour moi la liberté : donner au monde ce que soi seul peut donner.

C'est là notre tâche, en tant que professeurs que ce soit au lycée ou à l'université, d'éveiller au sens de cette liberté. Il ne s'agit pas de demander à l'élève ou à l'étudiant de répéter ce qu'on lui a transmis sous un mode uniforme mais de l'inciter à *se* construire avec cet héritage, grâce à lui et parfois aussi contre lui (mais il faut d'abord avoir reçu pour s'opposer). Le soi-disant idéal d'autonomie est presque toujours un leurre parce que l'élève va alors chercher des modèles de pensée et de comportement autour de lui, sans recul critique. Ce qui domine alors, c'est un mimétisme avec les pairs qui s'avère une entrave d'autant plus redoutable à la liberté qu'il ne se donne pas pour tel. L'intimidation par les pairs est souvent terrible pour la liberté et il faut une culture et du courage pour lui résister. Pour être plus précise, je pense que la véritable liberté commence quand l'élève est capable, grâce aux questions qui sont les siennes, à ses inquiétudes et à ses intérêts propres – et je rejoins ici la citation de Bergson proposée tout à l'heure – de questionner cet héritage et d'en faire émerger de nouvelles possibilités, de nouvelles significations, ou encore de frayer de nouvelles voies grâce à lui. Par exemple, dans la tradition juive d'interprétation, il ne s'agit pas de répéter ce que nos prédécesseurs ont dit, il s'agit, parce que nous sommes des personnes singulières, d'écouter ce qu'ils ont dit, de réfléchir à la façon dont ils ont interprété les versets et de leur répondre en questionnant à notre tour. Chacun, dans sa liberté, dans son unicité donc, est appelé à se poser des questions, à interroger la tradition en sachant que personne ne peut le faire à sa place. Si nous ne les posons pas, qui les posera? La liberté, c'est cela. Il me semble donc que, plutôt que de viser une autonomie qui ne relie pas à autrui, il convient d'encourager l'élève à découvrir comment il peut apporter au monde sa propre part, toujours unique, en étant relié au passé et ainsi seulement au présent et au futur. Nul ne fait cela à partir de rien. Que chacun soit unique à pouvoir répondre d'un héritage transmis, c'est cela la liberté. Évidemment, si l'on transmet de façon doctrinaire et en essayant de sidérer cette liberté, c'est-à-dire de ne pas permettre que cette personne, dans son unicité à jamais irremplaçable, puisse s'éveiller elle-même à ses questions, à ses interrogations, à son pouvoir de renouvellement du sens de ce qui lui est proposé, cela reste impossible. Mais je distingue bien, pour ma part, la liberté de l'autonomie. Penser par soi-même, comme tant d'élèves aiment à le dire pour défendre leur autonomie et souvent pour se dispenser d'écouter et d'étudier, entretient l'inculture et ne rend pas libre. Au contraire, cela met à la merci de tous les lieux communs et des pensées dominantes, sans recul critique et sans réelle prise de conscience de son aliénation. C'est cela qu'il faut bien expliquer. Sans ancrage ailleurs que dans le flux d'informations et d'opinions toutes faites, on n'a aucune autonomie même si ce mot revient sur toutes les lèvres. Il faut donc transmettre un savoir, des valeurs et des significations pour que la liberté grandisse sur cette base. Ceci dit, il y a malgré tout des choses qui ne sont pas discutables dans la transmission. Si je dis que « un et un font deux » ou que tel fait historique a existé, cela n'est pas discutable et ne relève pas pour autant du dogmatisme.

Intervention de Gisèle Laviolle[13]

En tant que mère, grand-mère, enseignante et principale de collège à Aubervilliers en Seine-Saint-Denis, ma fonction essentielle est la transmission d'une culture fondée sur l'humanisme et ses valeurs.

Or, force est de constater qu'il existe de nombreuses difficultés dans l'exécution de cette tâche : comme Mme Chalier l'a souligné, trois verbes peuvent participer de la définition de la transmission : raconter, expliquer, témoigner, ce qui suppose un auditoire désireux d'écouter ce qui lui est proposé.

Le véhicule nécessaire à cette action est la langue ; cependant nous constatons que cet outil fondamental qui devrait être commun, fait pourtant défaut à des enfants français, nés en France, élevés en France dans des familles francophones, et que toute œuvre littéraire suppose pour la plupart des professeurs de passer d'abord par une « traduction » rendant l'étude possible. Il est donc important de s'interroger sur le sort que nous avons réservé à la langue française qui nous est commune et assure notre cohésion, sur les carences qui nous ont amenés à ce défaut de maîtrise et sur les moyens d'y remédier sous peine d'y perdre notre âme.

Plus grave encore, dans nos banlieues très métissées, la transmission est rendue inopérante parce que la culture européenne est rejetée.

---

13. Professeur de Lettres en lycée. Principale de Collège à Aubervilliers (en retraite).

Les élèves ont l'impression d'être ignorés, voire trahis, par la société française ; beaucoup sont issus de l'émigration, ils ont nourri des espoirs, mais ils voient leurs aînés diplômés avec des masters, des doctorats, sans travail et sans possibilité d'intégration, d'où un rejet massif de cette culture qui les marginalise.

Plus grave encore, la transmission de leur propre culture ne s'est pas faite ou très partiellement, ils ne connaissent pas leur langue d'origine, se sentent différents quand ils vont au « bled », rejettent les valeurs traditionnelles et en particulier l'autorité parentale très forte dans les pays d'Afrique ou d'Asie. Du coup, ils vivent dans un monde intermédiaire où émergent deux possibilités culturelles : un durcissement survalorisant les valeurs supposées des origines en particulier les valeurs religieuses, d'où la montée des intégrismes comme refuge, mais aussi une nouvelle culture métissée qui s'efforce de marier les valeurs positives et d'entretenir l'espoir d'un vivre ensemble réel.

Comment aujourd'hui devenir des passeurs capables de créer les conditions de la mise en place de ce nécessaire vivre ensemble et les conditions d'une paix sociale porteuse d'espérance ?

Réponse de Catherine Chalier

C'est tout un programme : je n'ai pas la prétention d'avoir la recette pour y parvenir. Je dirai deux choses très modestes. Je suis sensible à cette question de la multiplicité des cultures, mais il me semble important de trouver une orientation dans la multiplicité de significations et de valeurs qu'elle charrie aussi sous peine d'un double risque : relativisme absolu ; ou bien crispation sur un passé fantasmé, supposé intangible, refuge contre toute altérité intrusive. Ces deux attitudes opposées présentent bien des risques, la première laisse supposer que tout se vaut et la seconde que seul ce qui provient des « siens » a une valeur. Aucune éducation ne se peut sur ces bases.

Comment donc transmettre en respectant la pluralité des cultures, ici en France ?

Je ne vois pas, pour ma part, d'autre moyen que celui de transmettre d'abord la culture du pays où ces jeunes gens sont appelés à vivre, pour qu'ils puissent y devenir des adultes et des citoyens libres et responsables. Sinon si, sous prétexte de respecter leurs origines, on leur enseigne à l'école la langue, la religion, l'histoire,… de leurs pays d'origine, je crains que, sous couvert de tolérance, on ne les accule à une appartenance qui les tient à l'écart et on encourage un repli de chacun dans sa communauté d'origine. Cela ne signifie évidemment pas qu'il faut se fermer à ces cultures : on peut certes, par exemple, enseigner l'arabe à l'école, mais il faut surtout et d'abord enseigner le français, si l'on veut que l'élève ait la moindre chance de s'intégrer dans notre société. L'ouverture aux autres cultures ne me semble pas devoir se faire sans cette prise en considération de la culture du pays où ces jeunes gens vivent.

Pourquoi certains d'entre eux refusent-ils aujourd'hui, parfois avec grande violence et intolérance, d'apprendre l'histoire du pays où ils vivent, de s'initier à ses valeurs et à sa culture de façon plus générale ? C'est un problème politique, social et économique sans nul doute, et il dépasse nos frontières, mais c'est aussi un problème éducatif.

Il me semble qu'il convient d'abord de s'adresser à eux comme à des personnes singulières, dignes d'être notre interlocuteur, de *leur* parler et de les écouter. C'est d'ailleurs pour cela que j'ai insisté sur la narration tout à l'heure : on raconte à quelqu'un. Il y a certes des récalcitrants qui ne veulent rien recevoir, mais j'ai tendance à penser que si on est vraiment présent dans sa parole, si ce qu'on transmet fait véritablement sens pour soi, sans qu'on ait pour autant envie de l'imposer aux autres pour qu'ils pensent comme soi, cela peut réussir. On désire partager avec eux quelque chose de précieux, d'indispensable pour grandir… Les jeunes gens ne sont pas sourds… Après, ils en feront ce qu'ils voudront au risque de leur liberté. Je suis consciente toutefois que, dans les banlieues surtout, c'est une tâche compliquée, voire impossible, en raison d'une violence qui provient de diverses causes dont la plupart ne dépendent en rien des professeurs. Ce n'est pas là une raison pour *s'excuser* de transmettre sa culture, sous prétexte que ces jeunes gens, qui, pour la plupart, sont bel et bien Français ont aussi une autre origine. Ils sont là, devant nous, dans ce pays-ci. Si on veut les accueillir, il s'agit d'être accueillant, c'est-à-dire de leur proposer ce qu'on a de meilleur, sans s'en excuser, sans se sentir coupable de le faire. C'est très important. Si des parents ayant adopté un enfant venant d'Afrique ou d'Asie disaient : « Je ne veux lui transmettre que la culture de son pays d'origine », ce serait non seulement une erreur, mais cela voudrait dire qu'ils ne le considèrent pas vraiment comme leur fils ou leur fille. Il me semble que c'est une situation proche avec ces élèves dont les parents sont venus d'ailleurs, si on les renvoie à leur culture d'origine (qu'ils n'ont pas toujours), il me semble que cela signifie qu'on ne les accueille pas comme de jeunes Français.

GL : Je veux préciser qu'à aucun moment, je n'ai parlé de culpabilité à transmettre la culture que j'avais à transmettre ou d'avoir honte de quoi que ce soit. Je crois que ce qui me faisait réfléchir, ce sont les moyens de créer les conditions d'une bonne réception.

CC : Je ne dis pas que c'est votre cas, bien entendu, mais il me semble que le contexte éducatif est marqué par une culpabilité qui s'explique surtout par le souvenir de la colonisation et par la déréliction sociale présente dans ces banlieues. Mais je ne pense pas que ce soit rendre service à un élève d'excuser le comportement violent qu'il lui arrive d'avoir à l'école à cause de cela. La tâche éducative – en ce pays-ci – ne devient pas illégitime parce que le contexte historique, social et politique, est très lourd, elle devient seulement beaucoup plus difficile.

Conférence
du cardinal André Vingt-Trois

Conférence du cardinal André Vingt-Trois

La présence d'un département en charge des questions de l'édu-cation et de la transmission au sein de la chaire de Recherche du Collège des Bernardins s'explique par le fait que ces questions se trouvent au centre de nombre de difficultés qu'affronte notre société contemporaine. Un public averti comme vous l'êtes connaît certai-nement mieux que moi ces difficultés, et je ne vais donc pas en dresser ici la liste exhaustive.

Un constat : le sentiment d'échec des parents et grands-parents

Je voudrais simplement m'arrêter sur l'une d'entre elles que je définirais comme le malaise, le regret ou la culpabilité qu'éprouve un certain nombre de parents ou de grands-parents devant le fait de n'avoir pas réussi à transmettre, non seulement la foi chrétienne, mais aussi un certain nombre de valeurs humaines sur lesquelles ils ont cherché à construire leur propre existence. En ce domaine des relations humaines, dans lesquelles se joue la transmission, il est difficile de faire la part entre ce qui tient aux nouveaux modes d'ap-préhension de la jeunesse ou à l'influence générale de la culture ambiante, et ce qui tient à notre propre incapacité. Ce constat peut donc produire un mélange attristant ou paralysant de culpabilité à l'égard de soi et de ressentiment envers les autres. Les plus opti-mistes versent plutôt dans la rancune tandis que les pessimistes se perdent dans la culpabilité. Mais tous sont tentés par l'une et par l'autre.

S'apercevoir vingt, trente ou quarante ans après la naissance de ses enfants que cette génération et la suivante sont entrées dans un mode d'existence pratique et dans une manière de penser qui paraissent n'avoir plus grand-chose à voir avec ce que nous pensions être l'essentiel, va nécessairement accuser une défaillance ou une lacune de notre propre capacité de transmission.

Ce mélange étonnant de culpabilité et de ressentiment est à la fois injuste et néfaste. Il est injuste parce que des historiens nous montreraient aisément qu'en bien des périodes de l'histoire la même question s'est posée, et qu'elle n'a pas forcément été résolue avec plus de bonheur qu'aujourd'hui. Ces sentiments sont néfastes parce qu'ils paralysent et conduisent à une sorte de fatalisme qui fait dire qu'il est impossible non seulement de transmettre des contenus que l'on imposerait par autorité (qui oserait encore y songer?), mais même de parler la même langue. Cette attitude est une impasse parce qu'elle stérilise les velléités pédagogiques de ceux dont c'est la mission et la vocation. Enfin, elle bloque la relation sociale en décrétant la fracture insurmontable entre les générations. Grâce à Dieu, votre présence montre que nombreux sont ceux qui, en ce monde, n'ont pas renoncé à assurer l'œuvre de transmission et à faire tout ce qui dépend d'eux pour surmonter cette fracture.

La transmission : passage d'un héritage ou réinvestissement de cet héritage ?

Je voudrais à présent me centrer sur ce qui est au cœur de la question de la transmission, et plus particulièrement de la transmission d'une tradition. Spontanément, nous abordons cette question en nous situant par rapport au passé, c'est-à-dire en considérant ce que nous avons reçu et que nous voudrions transmettre vers la génération suivante. En même temps, nous mesurons bien que l'acte même de transmission comporte en lui-même un appauvrissement du legs. Il y a une « perte en ligne » quand nous essayons de transmettre.

Mais la nature même de la transmission n'est pas d'assurer le passage de ce qui était vers ce qui va venir, mais de s'investir soi-même vers l'avenir. La transmission ne doit pas être envisagée par rapport au passé, mais bien par rapport à l'avenir. Il ne s'agit pas de reproduire ce que nous avons connu, même en l'ayant aménagé, repeint, délayé ou reconstruit avec quelques matériaux nouveaux. L'enjeu est de savoir comment ce que nous avons vécu est investi pour construire un avenir, comment ce que nous avons connu ne reste pas dans le domaine du musée-souvenir des valeurs perdues, mais forme bien un patrimoine vivant, disponible pour engager une réflexion et un investissement vers le futur.

Cette approche devrait être spontanée puisque, par définition, l'acte éducatif s'accomplit envers ceux qui sont l'avenir. Et pourtant, les difficultés évoquées en commençant montrent que ce qui nous est le plus immédiatement perceptible est la part perdue du patrimoine (ce que l'on ne réussit pas à transmettre) et non la part de ce patrimoine qui est investie. Nous avons trop facilement tendance à faire reposer cet appauvrissement du capital sur les maladresses ou les inadaptations du système pédagogique. Mais il est illusoire d'imaginer qu'avec un système et un savoir-faire pédagogiques parfaits, on pourrait tout transmettre et que rien ne se perdrait! Il ne s'agit pas de nier les difficultés actuelles de toute pédagogie : la nouvelle manière d'être et l'étrangeté culturelle de la génération qui vient, le surgissement de nouveaux langages, de nouvelles approches et de nouveaux modes de réflexion (que d'aucuns ne reconnaissent d'ailleurs pas comme des modes de réflexion). Dans tout ce que nous avons reçu, tels que nous sommes et avec l'histoire que nous avons, nous devons identifier ce qui est en nous de l'ordre du patrimoine actif et ce qui est passif, stratifié et congelé. Cet inventaire devrait nous permettre d'aborder de manière renouvelée les difficultés pédagogiques de la transmission et surtout de porter un regard différent sur notre appropriation de ce que nous avons reçu. Car s'il y a une perte dans ce qui peut être transmis, ce n'est pas simplement lors du passage entre notre génération et la suivante, mais également à cause de la manière dont nous avons reçu de la génération qui nous a précédés.

Notre propre manière de recevoir un patrimoine et de l'intégrer à un projet collectif

Dans ce que nous avons reçu et connu, dans ce qui nous a été annoncé et transmis, quels sont les éléments qui sont vraiment devenus dynamiques et constructeurs? Et quels sont ceux qui sont restés simplement en l'état sans acquérir de vertu opératoire dans notre vie, pour forger une conception de la vie ou porter une foi religieuse? Avons-nous reçu une fois pour toutes ce qui nous a été transmis, comme les dépositaires d'un paquet que, sous bénéfice d'inventaire, nous préférons vénérer sans y toucher de trop, avec toute la distance que réclament les choses sacrées? Ou l'avons-nous exploité de manière vitale et dynamique au long des années, pour que cet héritage devienne une référence pour la conduite de notre vie?

Ce travail d'appropriation, d'intégration et aussi de tri, fait partie de notre mission d'hommes et de femmes libres. Nous devons exercer notre intelligence pour puiser, selon les mots de l'Évangile, dans ce trésor pour en sortir « du neuf et de l'ancien » (*Mt* 13,52), de l'ancien pour faire du nouveau. La question centrale pour celui qui veut transmettre est celle de la manière dont il élabore sa propre conduite de vie. Et pour que ce qui est ainsi forgé porte tout son fruit, il doit de plus adhérer à un projet collectif de vie.

Même s'il n'est jamais simple d'exprimer et de présenter un projet collectif de vie et si aujourd'hui ceci paraît plus difficile que jamais, nous devons néanmoins chercher à définir ce que l'on pourrait appeler une charte sociale, quelle que soit l'extension que nous lui donnons: le cercle de la famille, de la tribu, de la ville, du pays, de notre continent ou du monde. Sommes-nous capables d'énoncer quelques objectifs communs qui puissent être reconnus et servir de points d'appui pour tous? Nous sommes-nous approprié notre patrimoine pour que ce que nous avons reçu serve à construire quelque chose pour la vie des hommes de demain? Percevoir un projet commun, mettre à jour une représentation collective de l'existence humaine est un point crucial du processus de transmission. Encore une fois, la difficulté ne me semble pas d'être fidèles au passé, mais d'avoir l'ouverture qui nous rende capables d'identifier quelques points de repère pour l'avenir, même si ce n'est pas encore la totalité d'un projet collectif. Aujourd'hui les « autorités » ne suffisent plus à définir le projet collectif. Mais faut-il pour autant se résoudre à ce que le consensus (lequel?) devienne l'expression d'un projet collectif?

Exemple d'intégration d'un projet collectif: la tolérance

On pourrait prendre l'exemple de la tolérance, puisque c'est une valeur démocratique emblématique aujourd'hui. Tout le monde y est évidemment favorable, sans s'entendre pourtant sur le sens du mot. Est-ce simplement le fait de laisser chacun vivre comme il peut, comme il veut et comme il croit, sans prendre d'aucune manière en considération ce que vivent les autres ? Le caractère tolérant de la société démocratique est-il de permettre à chacun de vivre son *ego* personnel et son petit projet sans que personne n'ait rien à redire ? Poser des questions ou remettre en cause ce que chacun a défini et fait accepter comme son projet de vie, est-ce faire preuve d'intolérance ? Ou bien la tolérance n'est-elle pas cette vertu qui rend capable de développer des attitudes de respect et de communication entre des personnes de convictions différentes ?

À partir de ce même mot peuvent être conçus des développements pédagogiques complètement différents : soit un projet éducatif émietté dans lequel chacun se débrouille sans surtout s'occuper de ce que dit son voisin, qui ne le regarde pas ; ou alors une proposition dans laquelle la liberté de chacun est reconnue, à condition qu'il accepte d'entrer dans un dialogue avec l'autre et que sa conception de vie puisse être objet de réflexion, de discussion et de contestation peut-être, pour devenir en tout cas un matériau de la vie sociale.

Construire un projet de projets

Le cœur de la transmission me semble précisément être la capacité que nous avons de reprendre des valeurs ou des objectifs que nous recevons de ceux qui nous ont précédés, et de les faire entrer en dialogue, en communication et en interaction avec d'autres (ou avec les mêmes valeurs comprises autrement), de telle sorte que peu à peu se construise une capacité de vivre ensemble. On ne peut pas parler de capacité à vivre ensemble, quand on en est réduit à faire respecter la sécurité physique, c'est-à-dire à empêcher les bagarres et à faire respecter la paix civile. Certes, c'est déjà un petit signe de civilisation, car on pourrait en être encore à l'époque des guerres de religions. Mais quand chacun reste dans son camp et ne vient surtout pas mettre son nez dans le camp du voisin, nous ne sommes pas encore à même de pouvoir développer un projet commun et de le mettre en communication avec d'autres projets.

Un des aspects de notre situation culturelle est précisément le brassage universel des projets, des idées et des manières de vivre. Et nous devons donc chercher ce qui va permettre à des jeunes de reconnaître dans tel ou tel comportement, dans telle ou telle valeur ou dans telle ou telle manière de vivre, des éléments positifs pour construire une certaine manière d'être homme ou d'être femme. Nous ne pouvons laisser nos jeunes devant une sorte de kaléidoscope des manières de vivre, où les couleurs et les formes s'entrechoquent sans qu'il soit possible d'émettre un critère de discernement ou de classement et de choix pour la liberté.

Conclusion : La perspective de l'accomplissement

Ces quelques réflexions me semblent correspondre à une difficulté à laquelle nous sommes tous confrontés, dans le domaine scolaire, familial ou religieux. Nous avons à faire face à cette difficulté de construire ensemble en intégrant le patrimoine reçu pour s'acheminer vers ce qui est en train d'advenir.

Si vous le permettez, j'ajouterai une réflexion théologique : l'ensemble de la révélation chrétienne s'inscrit entre l'origine et le terme de l'histoire, entre la création du ciel et de la terre au commencement et le moment où le Christ reviendra et reprendra toute chose en lui. Ainsi la destinée divine de l'humanité ne se réduit pas à l'origine. L'origine se comprend à la lumière de la fin. L'avènement du Royaume dans le Christ glorifié donne la clef d'interprétation de l'acte originel. Dieu crée l'humanité précisément pour se susciter un peuple, une famille, un vis-à-vis, une image, bref un interlocuteur digne de Lui. Si nous n'avons pas la clef finale, le récit originel peut rester complètement hermétique ou insignifiant. Savoir où il conduit donne à l'acte créateur toute sa puissance évocatrice et prophétique.

Or la pédagogie, telle que Dieu la met en œuvre dans la Bible, est de nous conduire de cette origine vers l'achèvement préparé, en proposant des paliers successifs, en nous permettant à chaque moment d'assumer les étapes précédentes comme des éléments constitutifs de l'ensemble du dispositif. Tel est le talent des éducateurs, telle est la grâce que je vous souhaite.

« Tradition biblique » : les Écritures au creuset de leur transmission

Conférence d'Anne-Marie Pelletier
Réponses de Patrick Piguet et Marie-Emmanuelle Simon

Conférence d'Anne-Marie Pelletier

Au début de l'année 2009, le visiteur qui franchissait la porte du Collège des Bernardins se trouvait en présence d'une « installation » du plasticien italien Claudio Parmiggiani. Il découvrait ainsi le sol de la grande nef jonché de bris de verre. Les traces d'une bibliothèque incendiée couraient le long du mur. À proximité, des cloches muettes, désaffectées étaient entassées. Cette vision se proposait au visiteur tel un ensemble impressionnant de signifiants flottants, livré à son émotion et à son interprétation. Évocation d'un désastre, d'une violence, qui aurait foudroyé un monde? Probablement. Allusion à l'histoire tourmentée de ces murs? Peut-être. Mais aussi, possiblement, métaphore du rapport que notre moment présent entretient avec son passé et la culture qu'il nous a léguée. Quoi qu'il en soit, en un colloque qui s'interroge en ce lieu sur les aléas actuels de la transmission, l'œuvre de Parmiggiani, avec sa charge d'énigme inquiétante, se rappelle à notre souvenir. Tout spécialement lorsque la réflexion se donne pour point d'application le devenir présent de la mémoire biblique en notre société. Celle-ci n'est-elle pas aux yeux de beaucoup, et jusque dans l'Éducation nationale, un héritage aujourd'hui sinistré, une mémoire perdue, réduite aux traces de livres incendiés dont on ne sait même plus quels livres ils furent?

Pourtant mon propos voudrait dépasser, s'il se peut, cette seule image brutale et dramatique. J'aimerais en effet formuler deux mises au point destinées à réévaluer notre appréciation de la conjoncture présente. Par là même devrait se regagner un peu d'optimisme là où nous avons tendance à nous en tenir au désenchantement et à la déploration. Ainsi, dans un premier temps, je proposerai que nous affinions notre perception chronologique en déplaçant le curseur qui, sur la ligne du temps, nous fait un peu hâtivement associer au seul présent l'effondrement de la mémoire chrétienne, et singuliè-rement biblique. Ceci nous amènera à identifier plus finement la nature exacte du patrimoine dont nous déplorons aujourd'hui la perte et que nous nous efforçons à juste titre de regagner. Puis, dans un second temps, j'entreprendrai de rendre de la visibilité à une autre donnée de notre conjoncture que le premier constat risque d'obscurcir, et qu'il serait pourtant fort dommageable de négliger. Je veux parler du fait que, à y bien regarder, ce moment réputé être celui de l'effondrement de la transmission de la mémoire biblique, est aussi, non moins, le moment où la transmission du Livre se trouve renouée après un long temps de mise à distance, de méfiance, voire d'ostracisme. Ainsi, de ce que la Bible est aujourd'hui Livre que l'on ré-ouvre, que l'on interroge et lit publiquement, devrions-nous tirer quelques leçons sur les ressources et les promesses du présent.

Sur l'effacement de la mémoire biblique

En peine d'un code perdu

En 1981, le grand critique canadien Northrop Frye publiait un ouvrage *The Great Code, The Bible and Literature*, traduit en français en 1984[1]. Son point de départ – comme universitaire et pédagogue – était la nécessité de fournir à ses étudiants de Toronto les éléments de culture biblique qui leur manquaient pour accéder à l'intelligence des œuvres de la littérature anglaise de leurs programmes. C'est ainsi que faisant référence à la formule de W. Blake (*La Bible grand code de la culture occidentale*), Frye allait donner dans cet ouvrage, prolongé par *La Parole souveraine*, une puissante démonstration de la fonction matricielle de la Bible dans les œuvres de l'Occident. Vingt ans plus tard, en 2002, en France cette fois, à la demande du

---

1. N. FRYE, *The Great Code, The Bible and Literature*, 1981, en français *Le Grand Code, La Bible et la littérature*, Paris, Seuil, 1984. *Words with Power : being a second study of « The Bible and Literature »*, 1990, en français *La Parole souveraine*, Paris, Seuil, 1994.

ministre de l'Éducation nationale, Régis Debray rédigeait un rapport s'inquiétant de la perte des grands « codes de reconnaissance » religieux avec pour corollaire le risque d'un « démembrement communautaire des solidarités civiques ». Et il faisait la suggestion de remèdes, tels l'enseignement du « fait religieux » à l'École laïque et la création de l'Institut européen des Sciences des religions, dans le cadre de la Ve section de l'EPHE[2].

On ne manquera pas de remarquer, en ce double rappel, l'utilisation que Frye et Debray font du terme de « code ». C'est en effet la Bible envisagée selon sa fonction modélisante qui fixe ici l'intérêt, soit le livre en tant que vecteur de postures mentales et spirituelles qui singularisent la culture occidentale, pourvoyeur de formes et de figures matricielles d'où se sont engendrées depuis vingt siècles les œuvres patrimoniales. La légitimité et la pertinence de cette problématique n'ont certes pas à être établies, tant il est vrai que les Écritures bibliques sont présentes aux artistes et écrivains depuis l'art paléochrétien jusqu'aux oratorios d'Arvo Pärt, depuis Rembrandt jusqu'à Klimt, de Dante à Kazantzakis, sans oublier combien une écriture comme celle du *Zarathoustra* de Nietzsche fait écho au style des Évangiles. Pourtant, utilisée sans nuance, cette notion de « code » risque d'écraser les reliefs de l'Histoire, de télescoper des temps et des manières spécifiques de se rapporter aux Écritures. Ainsi, la Bible ne peut être dite « code » de la même manière dans l'usage qui s'en fait aux temps de Monteverdi ou d'Aubigné, puis en ceux de Hugo ou de Gustave Doré, ou encore aujourd'hui dans une Crucifixion de Baselitz ou un roman de Boulgakov. Au minimum doit-on contraster deux grandes configurations dans le rapport herméneutique au texte et, partant, dans son inscription culturelle.

Code, parce que livre de vie

Dans un premier cas, c'est-à-dire pratiquement jusqu'à l'époque classique, la Bible fut effectivement « code » de l'art, mais en quelque sorte par surcroît d'un statut avant tout spirituel et ecclésial. Existant dans un espace social chrétien pratiquement

---

2. R. DEBRAY, *L'enseignement du fait religieux dans l'École laïque, Rapport au ministre de l'Éducation nationale*, Odile Jacob, 2002.

homogène malgré les âpres conflits qui cristallisent au XVIᵉ siècle, elle est alors reçue sans contestation comme Livre saint, Révélation qui contient les secrets de Dieu et du monde et, éminemment en ses deux Testaments, témoignage rendu au Christ. C'est à partir de cette identification – qui ratifie finalement l'autodéfinition des Écritures – que la vie entière se réfléchit au prisme des grands récits bibliques, que le temps est construit et vécu à partir des chronologies de celles-ci, que l'histoire se structure en termes d'espérance et d'accomplissement, que l'agir moral trouve dans le Livre ses références et ses régulations, que l'idéal puise les figures qui soutiennent le discours hagiographique. Autre identifiant majeur de la Bible telle qu'elle habite en ces temps les mentalités : son inhérence à l'institution ecclésiale³. Il est acquis, en effet, pour la conscience commune – du moins jusqu'aux années de la Réforme – que les Écritures sont dépôt confié à l'Église, qui en ouvre et en garantit le sens dans la fidélité à l'Esprit, engendrant ainsi une tradition interprétante qui accompagne – en particulier par voie orale dans la prédication – sa réception individuelle comme *parole adressée* à chaque membre du peuple chrétien. C'est de cette façon que le Livre est pris naturellement dans le mouvement d'une *transmissio* qui met en jeu conjointement l'attestation croyante d'une génération et l'écoute de la suivante, qui reçoit l'héritage et l'augmente de fruits nouveaux.

Si cette configuration est bien le lieu d'éclosion des œuvres de la culture occidentale pendant des siècles, on voit que le « code » biblique s'entend alors comme mise en jeu créatrice d'une relation existentielle au Livre. Les œuvres qui s'adossent à un tel code témoignent en faveur d'Écritures qui existent comme surabondance de sens alimentant sans cesse, comme une source vive, les savoirs et les expressions de l'art. En quoi il y va, en cette Bible, de bien plus que de l'armature symbolique d'une culture, voire d'une simple carrière de mots et d'images.

Ce qui n'empêche pas que, parallèlement, les artistes ou les écrivains entretiennent individuellement des rapports variés avec

---

3. Il faudrait en fait nuancer cette évidence en rappelant comment, dès la fin du XIIIᵉ siècle, le débat sur l'autonomie des Écritures s'ouvre en sourdine dans le discours théologique. Ainsi Henri de GAND interroge : « Faut-il croire l'autorité de l'Écriture plutôt que celle de l'Église, ou inversement ? » (*Summa*, art. 10, q.1, fol 73). Question d'école alors, mais pour un temps seulement.

la foi, donc mettent aussi en œuvre le code biblique selon des modes multiples qui vont de l'adhésion fervente à des postures de distanciation plus ou moins sophistiquées. Il suffirait ainsi de contraster la Bible d'un Montaigne et celle d'un Thomas More. De même la Bible de Fra Angelico n'est à l'évidence pas celle du Caravage. Et l'on sait combien des Madones de la Renaissance peuvent n'être que l'occasion de célébrations très profanes ou encore, comment Bethsabée ou « Suzanne au bain » furent d'heureux prétextes pour s'adonner à la peinture du nu. Mais, quoi qu'il en soit de ces utilisations libres, inattendues, décalées du code biblique, il reste que ces œuvres témoignent d'un temps où l'inscription croyante du Livre dans l'espace social fait partie de son identité. En leur diversité, elles sont donc reliées par une même relation fondamentale d'« allégeance », qui noue ensemble le culturel et le spirituel et exclut que l'on use du code contre le message biblique. Ainsi, par exemple, lorsqu'un Bruegel peint un *Massacre des Innocents* pour dénoncer, en surimpression, les atrocités commises en Flandres par le duc d'Albe, il ne détourne pas l'épisode évangélique. Il en dilate plutôt le sens aux dimensions des tragédies de l'histoire.

Autre temps, autre Bible

C'est précisément cette unité singulière, alliance d'une foi et d'une culture, qui est progressivement problématisée – devient problématique – à partir de l'âge classique. En fait, dès avant le XVIIIe siècle, il est clair que le livre biblique passe déjà à l'anecdote dans un certain nombre d'œuvres, malgré les apparences d'un lien existentiel et croyant maintenu. Ainsi, quand la peinture aligne avec plus de désinvolture scènes bibliques et mythologie antique. Ou quand la littérature fait coexister en plein XVIIe siècle des œuvres mystiques alimentant la grande tradition du *Cantique des cantiques* et des bergeries qui tirent le même livre biblique vers l'Astrée et le monde des salons[4]. C'est ce mouvement qui s'accélère en fait dans une culture

---

4. Voir par exemple l'abbé C. COTIN qui publie en 1662 une *Pastorale sacrée*, traduction et commentaire du *Cantique des cantiques* qui, non seulement veut rendre accessible le texte sacré à un public ignorant le latin, mais le toilette en texte galant propre à gagner un lectorat mondain effarouché par les débats théologiques mais attiré par les choses de l'amour.

qui va devenir toujours plus méfiante à l'égard de ce qui se reçoit sur la foi d'un autre, se professe par héritage[5].

En même temps que s'affaiblit ainsi l'appui testimonial, l'évidence jusque-là paisiblement tenue de l'unicité et de l'incomparabilité du Livre s'effondre quand, sous l'inspiration de Spinoza en particulier (*Traité théologico-politique* de 1670), apparaît une critique historique qui soumet la Bible à des protocoles herméneutiques communs à tous les textes. C'est dire que surgit, en fait, une nouvelle Bible, de plus en plus déliée de son ancrage croyant, affranchie des significations reçues, détachée de sa tradition, donc à distance du mode d'efficience qui avait caractérisé jusqu'alors sa présence aux sociétés occidentales.

Sur la ligne de cette évolution, le Livre va donc apparaître de moins en moins source de sens, et s'identifier de plus en plus à sa seule fonction de code. Pour beaucoup, la Bible devient un réservoir de signifiants flottants en appel de nouveaux réinvestissements. Et ceux-ci ont liberté de s'inventer maintenant, non seulement en marge du Livre, mais en contradiction avec lui. Tel est le cas, par exemple, des Christ littéraires du XIXe siècle constitués en prophètes de la mort de Dieu à partir du *Songe* de Jean-Paul, tels qu'ils se rencontrent chez Vigny, Musset ou encore Baudelaire[6].

On notera qu'il n'est pas indifférent que ce soit précisément au début du XIXe siècle qu'apparaisse l'affirmation que « *L'Ancien et le Nouveau Testament sont le grand code de l'art* », et cela sous la plume d'un W. Blake qui inscrit la formule parmi les aphorismes dont il constelle un dessin repris d'un Laocoon antique. D'abord, parce que l'on sait – comme le remarquait M. de Certeau à propos de l'intérêt porté aux cultures populaires – que c'est lorsqu'une réalité de la vie profonde d'une société disparaît, que l'on s'inquiète de la nommer et d'en faire un objet de savoir paré du prestige et de la « beauté du mort ». Ensuite, parce que W. Blake illustre lui-même de façon exemplaire le nouveau statut culturel de la Bible. Son œuvre littéraire et picturale est certes hantée par la Bible, remplie d'allusions à la création, à l'histoire de la chute, au Nouveau

---

5. Soit la conviction exprimée par Lessing dans la phrase fameuse d'une lettre à son père : « Die christliche Religion ist kein Werk, dass man von seinen Eltern auf Treue und Liebe annehmen soll », *Gesamte Werke* 9, p. 22.

6. Cf. X. Tilliette, *Jésus romantique*, Paris, Desclée, 2002.

Testament. Mais ces mentions sont orchestrées ici sur un mode totalement personnel qui, non seulement est en relation offensive à l'égard de la foi, mais aussi re-brasse les références scripturaires sollicitées et les recompose au service d'une mythologie des temps modernes profondément étrangère à la dramatique biblique, dont elle contredit violemment les options fondatrices. Ainsi, la définition explicite et la valorisation de la Bible comme « grand code de la culture occidentale » apparaissent-elles synchrones avec sa subversion ou, à tout le moins, sa réinterprétation à distance de ses mots et de son message.

Une Bible à disposition

Certes, on verra un Stendhal se réjouir de cette évolution. Il l'interprétera comme une libération ouvrant une nouvelle carrière au livre biblique. De fait, celui-ci ne s'effacera nullement du paysage culturel au long des décennies du XIXᵉ siècle, alors que gagne le scepticisme et que s'intensifie la critique. La Bible fera bien la démonstration d'une capacité maintenue à inspirer l'art, cette fois sous la forme modeste, mais active, d'un lexique et d'un imaginaire qui continuent à s'imposer jusque dans les œuvres les moins chrétiennes du siècle. Pour s'en tenir à la littérature, rappelons que le mythe napoléonien y puise quelques-unes de ses images : le poète Heinrich Heine met ainsi en parallèle l'entrée de Jésus à Jérusalem aux Rameaux et l'entrée de Napoléon à Düsseldorf, ou encore rapproche Gethsémani et rocher de Sainte Hélène. Les rêveries amoureuses de Novalis résonnent de réminiscences bibliques, tout comme les protestations sociales de Hugo. Les utopies socialistes de Buchez, Cabet, Saint Simon font référence à l'Évangile. Et c'est en allusion au sang du Christ que le rouge en vient à symboliser la douleur du peuple et l'engagement révolutionnaire.

Mais on le voit, en cette conjoncture, la Bible est moins un livre qui se lit qu'une lettre qui s'utilise, étant livrée désormais aux métamorphoses de réécritures sans amarres dans sa tradition interprétative. Renan est là un bon témoin. Sa *Vie de Jésus,* si populaire, reproportionne ainsi l'Évangile au crédible de son auteur et le fait vibrer d'une sentimentalité et d'une ferveur importées. Et tout cela avec d'autant plus d'aisance qu'il écrit avec la conviction exprimée dans sa célèbre *Prière sur l'Acropole* que « *La foi qu'on a eue ne doit jamais être une chaîne. On est quitte avec elle quand on l'a soigneusement roulée dans le linceul de pourpre où dorment les dieux morts[7] ».*

Rendu à ce point de l'analyse, on voit probablement mieux que ce qui aujourd'hui s'efface sous nos yeux est moins la Bible en sa consistance de livre, que la mémoire du code à laquelle celle-ci s'est progressivement réduite au fil des derniers siècles, en tout cas pour une large partie des sociétés de tradition chrétienne. Mais le rappel en accéléré auquel on vient de procéder, montre que cette amnésie ne se réduit pas à un événement d'aujourd'hui. Elle est reliée à une longue histoire, à un lent processus de déplacement et d'effacement.

Par voie de conséquence, on conçoit le bien-fondé d'un enseignement du « fait religieux » évoqué pour commencer. Il y va de l'accès maintenu à un immense patrimoine inséparable d'un terreau chrétien, fait non seulement d'œuvres soutenues par l'adhésion croyante, mais de beaucoup d'autres, aussi, élaborées en allusion plus distante, voire ouvertement polémiques avec le christianisme. Entreprise nécessaire et urgente donc. Mais qui doit être pensée dans sa particularité et les limites où elle se tient.

Deux remarques sur l'enseignement du « fait religieux »

D'abord pour souligner qu'un enseignement en charge de semblable contenu, et confié à la gestion de l'École, ne peut probablement être complètement banalisé. Que le savoir dont il est ici question outrepasse ce qu'engagerait précisément un simple code, nous en avons le signe dans l'analyse de Régis Debray, lorsque celui-ci se revendique d'une démarche qui ait souci de rejoindre le sens… On entre ici, à dire vrai, dans une zone grise, où lèvent bien des problèmes pour qui s'y aventure. Parler de « sens », en effet, introduit à ce qui est nécessairement en excès du factuel. Mais, en réalité, peut-on concevoir d'enseigner des « faits » d'une manière qui neutra-

---

7. E. RENAN, *Souvenirs d'enfance et de jeunesse*, 1883. On notera au passage une autre caractéristique du moment qui mériterait d'être interrogée: ce fait que l'Ancien Testament soit systématiquement relégué aux marges, disqualifié ou ignoré. Le travail de dénigrement déjà puissant au XVIIIe siècle chez des auteurs tels Voltaire, ou Rousseau aboutit au XIXe siècle à une censure largement pratiquée. A. Harnack est ici accompagné de beaucoup d'autres. Symptôme d'une culture du même qui exclut une altérité encombrante pour un humanisme agnostique aussi bien que pour une spiritualité affadie.

lise complètement la question du sens ? Mais alors et inversement, peut-on expliciter le sens des réalités engagées dans le livre biblique sans transgresser les limites qu'impose notre conception de la laïcité ? C'est-à-dire sans croiser ce que R. Debray lui-même désigne comme « le cœur battant de la foi vécue[8] » ? Il n'est pas sûr que pareilles questions puissent recevoir des réponses simples, partageables par tous.

Enfin, il apparaît que si un tel enseignement a vocation de rendre accès aux codes de reconnaissance issus de la Bible, s'il a bien trait à la volonté de ramener « une profondeur de temps » dans une « culture de l'extension » (R. Debray) devenue incapable d'élucider les significations véhiculées par l'actualité du monde, il ne doit pas être confondu avec une démarche de transmission du livre biblique à proprement parler. Il ne fait que communiquer un savoir relatif au livre. Ce qui n'est nullement négligeable, mais doit être identifié dans les limites qui sont celles d'une telle pratique. En revanche, là où existent le souci et le projet de *transmettre* la Bible, il faut à l'évidence que soient remplies d'autres conditions. Il faut d'autres dispositions qui intègrent, en particulier, cet « excès » par rapport au code, qu'évoque de biais R. Debray. Excès incongédiable, si l'on veut avoir affaire réellement à ces Écritures dans leur dimension *performative*, entendons leur capacité singulière à se porter aux jointures de l'être, à donner voix aux questions vitales, à faire advenir simplement l'humain en l'homme et en son monde, tels qu'en témoigne, dans le judaïsme et le christianisme, une fréquentation plurimillénaire.

Dans le même temps, la Bible retrouvée

Prolongeant précisément ce souci, il nous faut interroger maintenant l'autre versant de la conjoncture esquissé en commençant. Car conjointement à la marée descendante qui entraîne le retrait dont nous venons de parler, nous devons prendre acte, paradoxalement, d'un mouvement contraire de « réinvention » du livre biblique. *On* lit en effet aujourd'hui la Bible, *on* la ré-ouvre, après un long temps où, dans le monde catholique en tout cas, on avait cessé de le faire, où il était réputé contraire à la piété d'ouvrir seul les Écritures. Et on la lit d'une lecture qui met en jeu bien plus que le

---

8. R. Debray, p. 40.

code, fût-il le « grand code », que l'on évoquait à l'instant. On la ré-ouvre au cœur de *l'acte liturgique* dans lequel elle reçoit la plénitude de sa résonance et de son efficience. On la ré-ouvre dans la conduite du *labeur théologique* où elle déploie, sur un autre mode encore, sa puissance fécondante. Mais on la ré-ouvre aussi, *au-delà du périmètre visible de l'Église,* en divers lieux où, venant parfois de très loin, des lecteurs se retrouvent dans une communauté de questionnement et d'écoute du texte.

Certes, le « *on* », acteur de ces réappropriations, a une moindre extension que celui des générations qui ont perdu et perdent présentement contact avec la Bible. Mais l'importance de l'événement ne s'évalue pas seulement par la statistique. Une dynamique s'enclenche, qui pourrait bien être celle de la Parole, dont le *Livre d'Isaïe* déclare qu'elle ne revient pas à sa source sans avoir accompli sa tâche (*Is* 55,10-11). L'essentiel est donc que se renoue une relation existentielle qui, par-delà le « code » précisément, retrouve la vibration d'une parole qui entre en résonance avec les questionnements de la vie et de l'histoire des hommes.

En fait, se dessine aujourd'hui la sortie d'une longue histoire complexe, éprouvée et éprouvante, au cours de laquelle la transmission de la Bible a été affectée, non pas seulement par l'effet de l'évolution rappelée précédemment, mais par le fait que la Bible – au sein même de l'institution ecclésiale – devint progressivement livre à protéger, donc aussi de plus en plus livre réservé et, partant, livre marginalisé. On sait que, au milieu du XXe siècle encore, la conscience commune dans le monde catholique était que la Bible est un livre sous embargo.

Pour mémoire, deux étapes sur le chemin du retrait

On ne saurait détailler le processus historique selon lequel s'est engendrée une telle conscience, éloignant toujours plus des temps où un Augustin maturait ses œuvres dans la prédication des Écritures au petit peuple d'Hippone. Ou de celui où un moine des Déserts d'Égypte prenait suffisamment à cœur les Écritures pour déclarer : « J'ai vendu le livre qui me disait : 'Vends tous tes biens' » !

Rappelons seulement que le XVIe siècle fut un moment décisif. Il le fut d'abord pour le monde de l'écrit, de la culture de l'écrit, avec des nouveautés introduites dans l'édition et la circulation des livres. Il le fut donc aussi pour le livre biblique, en obligeant à débattre à neuf des protocoles de sa transmission. La question cristallisa, en particulier, autour de la traduction du texte en langues vernaculaires. Sans être une nouveauté absolue, celle-ci déboucha sur un débat tendu accentuant l'opposition entre partisans de la restriction et tenants d'une lecture plus ouverte. Au nombre de ces derniers, Erasme plaide, dans les années 1480, en préambule de sa traduction de l'Évangile : « *Les mystères des rois il vaut peut-être mieux les cacher, mais le Christ a voulu que ses mystères à lui fussent répandus le plus possible. Je voudrais que les plus simples femmes lisent l'Évangile, lisent les Épîtres de Paul. Puissent ces livres être traduits en toutes les langues, de sorte que les Écossais, les Irlandais mais aussi les Turcs et les Sarrasins soient en mesure de les lire et de les connaître* » (*Exhortation*).

La dispute s'enflamme définitivement peu après, quand advient la Réforme, qui reformule le rapport du croyant au texte biblique et qui revendique le principe de la « *sola Scriptura* ». À cette perspective, le Concile de Trente opposera avec énergie l'affirmation que la tradition orale est accompagnement inaliénable de l'Écriture, règle de son interprétation. Il le fera dans deux Décrets sur l'Écriture (4e session de 1546), mais aussi dans des textes complémentaires et ultérieurs (*Regulae Indicis, Observationes* et *Instructiones*) jouant sur un mode d'ailleurs bien plus restrictif. Ces textes seront eux-mêmes objet de diverses réceptions selon les pays européens. Se faisant, le Concile valorisera le rôle médiateur de la prédication et donc réservera et encadrera rigoureusement la lecture. Il est clair que, en cette opposition entre « Église de l'oral et Église de l'imprimé », les enjeux ne furent pas seulement disciplinaires, mais bien plus ecclésiaux, spirituels et épistémologiques[9]. Il n'en reste pas moins que le résultat fut un affaissement, puis un quasi-effacement de la pratique et de la transmission du texte, dans le monde catholique. Avec les périls dénoncés déjà par Port-Royal, tenant contre vents et marées que la vie chrétienne implique la fréquentation des Écritures, non comme une possibilité, voire un droit, mais comme une *nécessité*. La conviction qui va s'imprimer majoritairement dans les esprits est que la lecture de la Bible est au contraire affaire périlleuse.

Cette conviction se renforcera avec l'avènement d'une exégèse critique de plus en plus active et performante. On sait que le monde

---

9. Cf. B. Chedozeau, *La Bible et la liturgie en français, L'Eglise tridentine et les traductions bibliques et liturgiques (1600-1789)*, Paris, Cerf, 1990.

catholique adoptera, d'emblée, une attitude de méfiance. Le face-à-face de Bossuet et de Richard Simon est emblématique du drame qui se noue à ce propos dans les années 1680. Dès lors, et pour long-temps, le réflexe sera de repli défensif, de recul, de refus d'entendre rien qui déstabilise les convictions héritées, les évidences reçues. S'en suivra, jusqu'au début du XXᵉ siècle, la mise en veilleuse d'une pratique ecclésiale vivante du trésor scripturaire. Ce qui veut dire aussi que, dans le même temps, le livre sera d'autant plus aisément abandonné à une science biblique strictement universitaire, positi-viste, massivement hostile à la foi. Et cette science aura une carrière d'autant plus irrésistible que les croyants se seront exclus de la recherche en disqualifiant d'emblée son questionnement. Ainsi on doit bien admettre qu'en prenant le parti de protéger la Bible, le monde catholique aura cessé de la transmettre. De là le douloureux constat de Mgr d'Hulst en 1893 : « Les croyants ont été surpris de voir qu'on s'occupait tant au dehors de ces vieux textes qu'eux-mêmes ne lisaient plus guère et qu'ils vénéraient de loin sans les connaître[10]. »

On notera combien il est remarquable, dans ces conditions, que la foi se soit maintenue dans le protestantisme – dont sont issus les exégètes critiques – grâce à la fréquentation des Écritures sur un mode privé, familial. C'est la lecture assidue de la Bible, gardée par les simples fidèles, qui a sauvé ici la foi, remarque Louis Bouyer, qui conclut en l'occurrence que : « dans le protestantisme, c'est par la Bible, et en particulier par la Bible seule, non point du tout que s'est produite l'hérésie puis l'incroyance, mais bien qu'elles ont été en grande partie surmontées[11] ». En revanche, côté catholique, c'est à des Écritures de substitution, moins périlleuses, que l'on demandera d'alimenter la foi et la piété. Ainsi la *Bible de Royaumont*, si populaire au XIXᵉ siècle, est en réalité une « Histoire sainte », qui entend trans-mettre les Écritures en faisant prudemment l'économie de leur lecture. Peu, très peu, finalement, se retrouveront aux côtés du père Lagrange pour penser que celles-ci ont les ressources nécessaires pour affronter leur transmission au sein du monde que redessinent

---

10. Mgr d'HULST, « La question biblique », cité par C. THEOBALD, « La crise moderniste », *Bible de tous les temps*, Tome 8, Paris, Beauchesne, 1985, p. 390. Voir encore F. LAPLANCHE, *La Bible en France, XVIᵉ-XIXᵉ siècles*, Paris, Albin Michel, 1994.

11. L. BOUYER, *La connaissance de Dieu dans l'Ecriture*, Paris, Cerf, 1988, p. 12.

les nouveaux savoirs de la modernité. Plus encore, pour penser que la science historique, *in fine*, peut faire grandir l'intelligence spirituelle, bien loin de la ruiner[12].

La Bible restituée à la transmission

Ces quelques rappels – d'ailleurs trop succincts et donc simplifiants – ont pour seul but de faire apprécier la renaissance qui s'opère au milieu du XXe siècle lorsque, au fil d'une histoire, là aussi complexe, où se joue la vie profonde de l'Église, le filet se rompt, les Écritures sont déliées et leurs mots se mettent à circuler de nouveau dans une confiance retrouvée. À travers ce qui a constitué « le mouvement biblique », la Bible est restituée à une transitivité, à une *traditio*, qui la fait circuler à neuf dans la vie de l'Église, pour la vie de l'Église[13]. Pour s'en tenir ici aux attestations magistérielles de ce renouveau, on se souviendra des grandes étapes marquées par *Divino afflante Spiritu* en 1943, le texte décisif de *Dei Verbum* en 1965, puis les documents issus de la Commission biblique (*L'interprétation de la Bible dans l'Église*, 1993, *Le peuple juif et ses saintes Écritures dans la Bible chrétienne*, 2001). La centralité des Écritures est réaffirmée, en référence à l'économie d'ensemble de la Révélation. Reliées à la grande affirmation inaugurale de la *Lettre aux Hébreux*, que commente en quelque sorte la parole de Jean sur « le Verbe fait chair », elles sont désignées comme « aliment scripturaire, qui éclaire les esprits, affermit les volontés, embrase d'amour de Dieu le cœur des hommes » (D.V. § 23). Cette métaphore – à la fois puissante et traditionnelle – de la nourriture, donc d'un besoin qui a rapport à la vie même, induit naturellement la consigne ici explicitée de lire, de fréquenter les Écritures, pour y « *apprendre la science éminente de Jésus-Christ* » (*Ph* 3, 8 cité par D.V. § 25).

---

12. Cf. en particulier M.-J. LAGRANGE, « Discours prononcé le 15 novembre 1890 pour l'inauguration de l'École biblique », in *L'Écriture en Église*, Paris, Cerf, Lectio divina, 142, 1990.

13. Il faudrait évoquer ici le rôle déterminant de grands précurseurs, de Charles PÉGUY à Dom Célestin CHARLIER. On se rappellera d'ailleurs que le projet de mettre au service de tous les fruits des travaux de l'École biblique de Jérusalem, dans ce qui deviendrait la *Bible de Jérusalem*, est antérieur à la parution de l'encyclique *Divino afflante Spiritu*, comme l'atteste un témoignage du P. LAJEUNIE. Cf. *Les Bibles en français, Histoire illustrée du moyen-âge à nos jours*, dirigé par P.-M. BOGAERT, Brepols, 1991, p. 220.

Soulignons seulement deux dimensions de ces retrouvailles. L'une est en quelque sorte de « concentration » et l'autre d'« ouverture ».

La *concentration* s'impose à l'attention dès les premiers mots de *Dei Verbum*, puisque l'enjeu explicité n'est rien de moins que la révélation du Verbe fait chair et sa transmission doublement finalisée à travers deux citations, l'une de saint Jean… : *afin que vous soyez en communion avec nous et que votre communion soit avec le Père et avec son Fils Jésus-Christ* (1 *Jn* 1,3), l'autre de saint Augustin : « *afin que le monde croie, qu'en croyant, il espère, qu'en espérant il aime* ». C'est précisément cette vision plénière, dilatée aux extrêmes de la foi et de l'espérance, qui détermine l'angle d'ouverture du chapitre consacré à « La Transmission de la révélation divine ». La concentration joue également dans le temps et l'espace, à travers la référence au « *salut de toutes les nations* » et la mention de « *toutes les générations* ». Elle est encore dans la manière d'envisager l'humanité des Écritures que l'enquête historico-critique a rendue tellement problématique. Au lieu d'y voir une pierre d'achoppement, *Dei Verbum* invite à y reconnaître le signe de « *l'ineffable bienveillance de Dieu* » (*J. Chrysostome* cité § 13), qui révèle le plus divin dans l'épaisseur du plus humain. Enfin, c'est la conjonction de la parole et de la chair qui soutient la ressaisie de cette même Parole comme « *aliment scripturaire, qui éclaire les esprits, affermit les volontés, embrase d'amour de Dieu le cœur des hommes* » (§ 23). Soit, à travers cette métaphore de la nourriture – à la fois puissante et traditionnelle – la reconnaissance d'une fréquentation qui ne peut pas être facultative, sous peine d'exposer la vie chrétienne à l'inanition et au dépérissement[14].

La seconde caractéristique du renouveau présent concerne la manière dont ces mêmes Écritures, densifiées en quelque sorte dans leur identité et leur fonction, *s'ouvrent* désormais à différentes formes d'altérité[15]. Une première d'entre elles renvoie simplement à l'accueil consenti maintenant par la lecture croyante à des outils d'analyse, à des méthodologies, à des problématiques *exogènes*. Tel est le cas pour

---

14. Sur la métaphore de la nourriture, voir J. GREISCH, *Entendre d'une autre oreille, Les enjeux philosophiques de l'herméneutique biblique*, Paris, Bayard, 2006, p. 39-40.

15. Pour resituer cet aspect dans l'ensemble de l'économie des textes conciliaires, voir l'analyse de M. FEDOU, « Le Concile Vatican II : Un enjeu d'interprétation », in *Vatican II sous le regard des historiens*, Médiasèvres 2006, p. 137-157, spécialement p. 149 et 150.

commencer de la vaste panoplie méthodologique – concepts outils, genres littéraires, hypothèses rédactionnelles, etc. – élaborée par l'exégèse critique, et qui est accueillie comme bien propre de l'exégèse croyante à partir de *Divino afflante Spiritu*, et de nouveau légitimée par *Dei Verbum* (D.V. chapitre 3). Le texte de la Commission biblique de 1993 invitera, lui, à s'ouvrir à plusieurs « méthodes » éprouvées dans la culture contemporaine, appartenant au champ de l'analyse littéraire ou de la pratique des sciences humaines. De même rendra-t-il hommage aux apports et aux fruits d'une herméneutique générale et philosophique – illustrée spécialement par Gadamer et Ricoeur. Enfin, autre modalité de cet « esprit d'ouverture » (l'expression est de Jean-Paul II lui-même dans son Allocution sur *L'interprétation de la Bible dans l'Église*) : le fait que soient envisagées des lectures pratiquées par ce que l'on peut appeler des « lectorats non qualifiés ». Entendons des lecteurs aux profils inédits, porteurs de soucis qui ne s'expriment pas forcément dans les catégories théologiques classiques. *Dei Verbum*, déjà, évoquait ce type de lectorat dans son avant-dernier paragraphe. Le pain des Écritures est bien destiné à tous. C'est dire que les textes magistériels ne se dérobent pas ici au risque d'une lecture menée au-delà de la communauté croyante.

À l'horizon de ces dispositions brièvement rappelées, il faudrait certes énumérer, questionner et analyser tout ce qui se vit présentement d'initiatives autour du texte. Versions multiples de « Maisons de la Parole », où des communautés se rassemblent autour de la lecture des Écritures, s'entraînent à retrouver les voies d'une *lectio divina*. Initiatives consistant à laisser retentir un livre de la Bible en son entier dans une proclamation publique comme au temps de Josias ou d'Esdras. Mais aussi lectures entreprises à partir d'une simple curiosité, ou de quêtes de sens plus ou moins explicitées, mues par l'intuition qu'il y a de ce côté une ressource de vie et d'espérance. On le voit, derrière le code renaît le livre où les mots deviennent parole.

Cette manière présente de retrouver les Écritures et de les exposer au risque de la lecture peut être comprise à la fois comme l'expression d'une confiance et comme l'exercice d'une générosité, l'une et l'autre profondément évangéliques. Expérience d'une confiance, en effet, en lieu et place de la méfiance et de la peur. Et, en ce point, on rejoint bien volontiers le propos d'un livre collectif publié naguère sous le titre : *La Bible sans avoir peur*[16]. Mais aussi exercice d'une générosité, au sens où celle-ci s'apprend dans la Bible même, à travers les gestes d'un Dieu qui ne compte pas, ne mesure pas ses dons avec parcimonie, mais déverse sa surabondance, fait déborder l'opulence de sa vie. C'est la même générosité qui ouvre ici sans forcément de précautions le trésor des Écritures sur le grand large. Cette générosité se règle sur le geste du semeur de la parabole. Geste étrange à bien des égards, qui lance à tout va, sans réserver la semence de la parole à la bonne terre. Geste de semeur distrait, inexpérimenté, gaspilleur, diraient les économes sourcilleux... Mais c'est ainsi que se conduit le semeur divin, témoin d'une folle générosité qui prend le risque du gaspillage. Et qui déjà s'attestait dans l'épisode d'Eldad et Meddad, au livre des *Nombres*, lorsque Moïse oppose à un Josué, gardien des privilèges des voix autorisées, le désir divin que tout le peuple devienne prophète ! Et, en effet, qui se fera juge finalement du gain ou des pertes que comporte l'extension présente de la Bible au-delà du cercle de ceux qui l'abordent en croyants ? Il peut y avoir de ces « petits » dont parle l'Évangile parmi les lecteurs dits non qualifiés...

Pour conclure

Ainsi donc il n'est pas indu de parler d'une reprise de la dynamique de la transmission. Car c'est un corps réanimé qui est ici en cause, un *corpus* retrouvant vie au contact de cet autre corps, qui est corps ecclésial, corps de l'Église, « dont nous savons où elle est, mais dont nous ne saurions pas trop dire où elle n'est pas... » (Cardinal Barbarin). Et la vie qui reprend jaillit d'un jeu d'exposition mutuelle du livre au lecteur, du lecteur au livre. La Bible redevient « livre de la rencontre », entre Dieu et l'homme, entre les hommes eux-mêmes et entre les générations. En s'exposant à une rencontre qu'il n'avait pas prévue, à des questions inconcevables en son lieu et temps, le livre biblique, à son tour, peut entraîner le lecteur au-delà de ses questions et de son attente[17].

---

16. *La Bible sans avoir peur*, sous la direction de J.-F. BOUTHORS, Paris, Lethielleux, 2005.

17. Sur la dynamique d'une transmission qui accueille l'idée d'une polyphonie ouverte au débat, à la discordance, à une « intertextualité agonistique », on consultera J. ASSMANN, *La mémoire culturelle, Écriture, souvenir et imaginaire politique dans*

De même, en tout cela qui se vit sans forcément se théoriser, des savoirs précieux se retrouvent, qui font renouer avec la plus haute tradition. Ainsi, nous pouvons réaffirmer aujourd'hui, de science expérimentale, que « l'Écriture grandit avec son lecteur », comme l'énonçait Grégoire le Grand au Vᵉ siècle, à quoi fait écho l'affirmation du père Lagrange : « La vérité révélée ne se transforme pas, elle grandit[18] ». L'héritage croît, s'augmente, à travers sa transmission. Ce n'est donc pas outrecuidance que d'affirmer qu'il est possible de lire plus aujourd'hui qu'on ne lisait hier. Et cette fois, c'est une autre parabole qui se présente à la mémoire. J'entends la parabole des talents, quand celle-ci est entendue avec toute la gravité qui s'attache à des talents compris comme désignant les biens mêmes de Dieu et, en l'occurrence, sa parole. La prise de risque que suggérait le geste du semeur reçoit ici la promesse d'une surabondance, qui fait la gloire de Dieu et appelle récompense sur le bon serviteur. Logique de croissance, que pointait le Cardinal Newman voyant la singularité de l'Écriture en ce qu'elle « commence une série de développements qu'elle ne termine pas[19] ».

Concluons en retrouvant pour finir le questionnement d'ensemble de ce colloque et en avançant que le destin mouvementé des Écritures pourrait bien attester que les réalités vitales – qui ont soutenu la vie des générations précédentes, nous donnant à nous-mêmes d'exister – ont la capacité de traverser les déserts où leur transmission semble parfois suspendue ou perdue. Certes, la Bible reçue dans la foi et par la foi est réalité vitale de manière unique. Mais nos cultures véhiculent à leur manière des biens hautement nécessaires à la vie. La leçon peut donc valoir à grande échelle.

Enfin, il nous devient peut-être plus clair que l'acte de transmission – démarqué de l'obsession de conserver et donc de répéter – ne se sépare pas d'une prise de risque, dont une première modalité

---

les civilisations antiques, traduction Aubier, 2009. L'auteur, empruntant à M. Halbswachs et à C. Lévi-Strauss, y contraste des cultures qui pétrifient leur mémoire du passé et d'autres qui restent vivantes en accédant à une « mémoire communicationnelle » où le passé est sans cesse interrogé et réévalué.

18. « Discours prononcé le 15 novembre 1890 pour l'inauguration de l'École biblique », cité supra.

19. J. H. NEWMAN, *Sermons universitaires*, Sermon XV, 7, DDB, 1955, cité par H. de La VILLEGEORGES, *La Bible sans avoir peur.*

est le consentement à un dessaisissement. Je veux dire le contraire du geste de la main qui retient pour soi, se referme sur l'héritage. Tout comme il requiert corrélativement l'exercice d'une confiance. Confiance en la valeur de l'héritage d'abord, et en celui à qui on le propose, ensuite. Une confiance qui prenne le risque de nouvelles formes de présence au monde d'aujourd'hui, de nouvelles formes de dialogue du présent et du passé. Mais la Bible, dans le mouvement même de son écriture, fait-elle autre chose que d'exercer cette confiance qui fonde ce qu'elle désigne du terme d'Alliance et dont elle proclame la solidité envers et contre toutes les défaillances de la mémoire et de la fidélité ?

Intervention de Patrick Piguet[20]

Vous venez de dire que « le sens se multipliait, qu'il n'avait pas seulement à être restitué ». Vous faites état d'une « dynamique » dans l'appropriation de la parole biblique et de l'intuition, partagée par beaucoup, qu'elle contient des ressources de vie et d'espérance. J'ai le sentiment que cette conception si riche de la lecture comme appropriation, ou recherche, conduit à prendre en compte la dimension littéraire de la Bible, de sa traduction, de sa transmission.

Plus que d'autres, peut-être, les écrivains ont une vive conscience de la fécondité d'une parole belle et puissante, des enjeux d'une lecture qui est exposition au sens. Et l'accueil qu'ils ont réservé au projet de la traduction de la Bible aux éditions Bayard l'a amplement montré. Rappelons que nombre d'entre eux se situent « au-delà du périmètre visible de l'Église », pour reprendre encore une de vos formules. Or, si ces écrivains comme Marie N'Diaye, Olivier Cadiot se sont intéressés à la Bible et s'y intéressent toujours, ce n'est pas seulement pour le code qu'elle constitue, mais pas non plus pour l'excès par rapport à ce code, si cet excès nous ramène à du sens préétabli, à un *credo*, à une théologie constituée, fût-elle source d'espérance pour un grand nombre d'hommes. Frédéric Boyer, maître d'œuvre de cette traduction, écrivain lui-même, s'en explique dans un texte liminaire qui pose cette question, qui sera aussi la mienne, du rapport entre transmission et perception littéraire de la Bible.

---

20. Professeur de Lettres en Classes préparatoires à Sainte-Marie de Neuilly, chargé de cours à l'Institut Catholique de Paris.

La littérature n'est ni un ornement ni un alibi, c'est une forme d'action sur la production de textes comme elle l'est sur les personnes. C'est une force de contradiction, de déplacement et de jeu. Être ainsi disposé envers la littérature assure à la Bible une nouvelle réception dans notre culture. La Bible elle-même ne se réduit pas à un « beau livre ». Elle n'est ni facile ni toujours agréable à lire. Et cette résistance est peut-être sa vraie dimension littéraire. Ajoutons que sans un tel travail de la littérature contemporaine, les œuvres de nos origines seraient condamnées au statut de lettres mortes réservées aux initiés, savants ou pieux. Cette nécessité de faire entendre un sens comme en gestation, saisissable mais non immobilisable dans un concept, un sens intimement lié à sa rythmique profonde est aussi ressentie par un poète et linguiste comme Meschonnic, qui a voulu « débondieuser » les *psaumes*, selon ses propres termes ; comme il le dit dans sa préface à leur traduction intitulée *Gloires*, il se sent proche de la formule du peintre Pierre Soulages pour qui « l'œuvre est ce sur quoi vient se faire et se défaire le sens ».

Dans cette dimension littéraire de la transmission biblique, ne faut-il pas faire également entrer tout récit, tout poème qui dialogue avec elle ? Dans un essai publié en 2009, *Marcher dans la neige*, le poète Jean-Pierre Lemaire, un écrivain catholique trop méconnu des catholiques eux-mêmes, rappelle combien la rencontre avec le Christ et ses paraboles provoquent un mouvement de conversion et il ajoute que « le poème pourra même prolonger ce dynamisme issu de l'Écriture au-delà des limites du récit biblique. Jésus a semé une graine de conversion en Simon le Pharisien, pourquoi le poème ne la développerait-elle pas ? »

En écrivant des poèmes en écho à la Bible, ce poète ne se livre-t-il pas à une herméneutique de la parole biblique qui en assure une forme très précieuse de transmission ? De même, quelle place et quelle fonction donnez-vous à ceux qui renouvellent notre écoute de la Bible par leur traduction d'une fidélité inventive, fidèle parce qu'inventive ?

Réponse d'Anne-Marie Pelletier

J'entends, dans votre réaction, l'occasion de mettre en évidence une autre contribution précieuse du moment contemporain à la redécouverte de la Bible, que je n'ai pas évoquée précédemment. Je veux dire ce fait que nous sommes capables aujourd'hui de reconnaître le texte biblique comme *littérature* et de donner tout son prix à cet aspect. En fait, nous sortons d'une histoire de plusieurs siècles au long desquels ce fut la dimension d'archive qui prévalut. En effet, ce que l'on appelle l'exégèse historico-critique, quoi qu'il en soit de ses mérites, se trouve d'abord dans une relation de questionnement historique avec le texte. Mais la Bible n'est pas simplement archive mémorielle. Elle n'est d'ailleurs pas non plus, simplement, un réservoir de propositions ou d'arguments théologiques, ce qui a pu être une autre manière de l'envisager, bien réductrice elle aussi. C'est précisément une avancée de notre relation présente à la Bible que d'avoir souci de son identité de texte, au sens où nous parlons de texte littéraire. La Bible se propose d'entrée de jeu comme une écriture et son message se joue déjà à hauteur de cette réalité. C'était là d'ailleurs un enseignement qui s'acquérait auprès de l'un des meilleurs exégètes contemporains, Paul Beauchamp. Il entraînait à honorer cette identité de la Bible, à accommoder sur ce niveau avec la confiance que c'est là que le message du texte se forme d'abord. Avant de s'intéresser aux Écritures, aimait-il dire, il importe de prendre le temps de s'interroger sur ce que c'est qu'écrire, sur les enjeux de l'acte d'écrire. Car la réalité anthropologique est par elle-même pleine de sens. C'est pourquoi ce que nous appelons le « sens littéral » n'est pas une première marche qu'il faudrait se hâter de dépasser. Ce qui s'y joue a déjà valeur spirituelle et théologique. Emmanuel Levinas parlait ainsi de la lettre en disant qu'elle est « l'aile repliée du sens ». C'est cette dimension essentielle de la Bible qui explique pourquoi des écrivains contemporains, qui ne sont pas forcément des croyants, sont attirés par le livre biblique. À l'inverse de saint Augustin, qui rapporte dans les *Confessions*, comment sortant de la lecture de l'*Hortensius* de Cicéron, il fut rebuté par l'écriture de la Bible et détourné provisoirement de la lire...

Notre temps, lui, est sensible à l'énergie proprement littéraire du texte, au jeu des genres littéraires, à l'invention des formes. À côté de l'enquête critique, un abondant travail se poursuit, qui est le fait, non plus d'exégètes ou d'historiens, mais de lecteurs, qui se revendiquent comme tels, et abordent la Bible avec des problématiques littéraires. C'est ainsi que, à l'école de Robert Alter, on s'initie à l'« Art du récit biblique » ou encore à l'« Art de la poésie biblique ».

Je cite là deux de ses livres majeurs sur la Bible. De même, Henri Meschonnic, que vous évoquiez à l'instant, a fait de l'écriture biblique son lieu d'élection pour interroger l'économie du sens et construire une poétique personnelle et puissante dans les années quatre-vingt. De même Northrop Frye, que je mentionnais en ouverture en évoquant la thématique du « code ». Il faudrait encore citer l'œuvre d'un Bakhtine, qui appartient au Formalisme russe du début du vingtième siècle. Bakhtine ne travaille pas directement sur la Bible. Mais il invite à penser comment un texte construit son sens et le renouvelle, au-delà du moment où il est écrit, à travers l'acte de lecture. Loin d'être prisonnier de son auteur ou enclos dans le périmètre de ses mots, le texte fait appel de son avenir. Pareille analyse littéraire requiert l'attention du bibliste. Ou devrait le faire... Car à travers cette « poétique », des notions fondamentales de la tradition herméneutique retrouvent actualité et consistance, alors même que nos pratiques modernes d'investigation du texte les avaient marginalisées, voire disqualifiées. Tel est le cas de ce que l'on appelle « accomplissement des Écritures » : il apparaît aujourd'hui que le texte, en sa dynamique, n'est pas étranger à cette réalité théologique majeure. Tel est aussi le cas de la notion de *typologie*, largement ignorée des exégètes, parce que réduite à un procédé de lecture et d'interprétation appliqué de l'extérieur et de façon plus ou moins arbitraire à la Bible. De façon imprévue, l'analyse littéraire redonne une légitimité à la typologie et permet de percevoir qu'elle n'est pas une catégorie qui concerne seulement la lecture, mais qu'elle fait écho à l'économie profonde du texte biblique et de son écriture. Tout cela fait qu'il y a donc bien une véritable synergie entre l'approche des écrivains – et des théoriciens de la littérature – que vous invitez dans notre réflexion et le labeur de ceux qui font profession de lire et d'étudier la Bible.

Précisément encore, vous évoquez la contribution des écrivains quand ils se prennent aux mots du texte biblique et les prolongent de leurs propres mots sous les diverses formes de la création littéraire. Certes, la réécriture peut relever de bien des intentions. L'objectif peut être de parodie, voire chez certains, de profanation. Nous savons que le texte ne se défend pas. Et d'une certaine manière il est fait pour qu'on se saisisse de lui... Mais les auteurs que vous évoquez, si j'entends bien, sont de ceux qui discernent les blancs du texte, sont attirés par ces blancs et écrivent à partir d'eux.

Non pas d'ailleurs pour obturer, remplir les espaces vides, combler les silences ! Ce qui donne toute sa valeur à leur démarche est, au contraire, d'amplifier les failles, de donner chair de poésie aux silences du texte. Vous citiez à juste titre Jean-Pierre Lemaire, qui est maître dans cet art. D'autres poètes, qui peuvent se tenir à distance de la foi, témoignent aussi de cette manière de servir et de faire grandir le texte biblique. Je pense par exemple à *La Vie de Marie* de Rainer Maria Rilke, une série de poèmes qui viennent se prendre à ce « si peu » que contient le texte des Évangiles à propos de la Vierge Marie. Avec un infini respect, Rilke se saisit de ce « si peu » et lui donne résonance avec une justesse d'humanité qui est aussi justesse théologique. Cela fait de *La vie de Marie*, jalonnant différents moments de la vie de la Vierge dans une parole remplie de silence, un texte superbe, peut-être l'un des plus beaux hommages qui puissent être rendus à la Vierge Marie. Mais il faudrait aussi citer le poète Claude Vigée. Et bien d'autres qui illustrent la belle citation de Soulages que vous rappeliez : « L'œuvre est ce sur quoi vient se faire et se défaire le sens ». Il est important en effet que « se défaire » vienne après « se faire », même si cela nous surprend et peut-être nous déçoit. Car c'est là une vertu propre à la poésie, et où celle-ci rejoint le texte biblique. Il y a en ce sens une co-naturalité entre la Bible et la poésie. L'une et l'autre donnent forme au sens et, en même temps, l'une et l'autre le ré-ouvrent sans cesse, le défont, dans un mouvement qui porte toujours plus loin. C'est pourquoi il existe ce que j'appellerais bien une vertu anti-idolâtrique commune à la poésie et à l'écriture biblique.

Intervention de Marie-Emmanuelle Simon[21]

Chère Anne-Marie, je donne à l'université de Nanterre un cours de troisième année intitulé « Bible et littérature », cours dont la fonction principale est de fournir aux étudiants de littérature les clés de ce « grand code », sans lequel tout un pan du sens échappe lorsque l'on est confronté à l'œuvre d'un écrivain lui-même pétri de culture biblique, comme un Paul Claudel, un Fédor Dostoïevski ou même un William Blake. C'est donc du sein de cette expérience concrète

---

21. Doctorante en littérature médiévale. Chargée de TD à l'Université Paris X-Nanterre.

d'enseignement – dispensé en contexte laïc à des étudiants issus souvent d'autres traditions religieuses et culturelles – que j'entends votre analyse, et je voudrais livrer ici deux échos qu'elle suscite.

Tout d'abord, je vous sais gré d'avoir proposé une remise en perspective, sur l'axe du temps, de la notion de crise de la transmission. Il y a une histoire de la réception du texte biblique dont nous sommes tributaires, tant du point de vue des méthodes que pour l'interprétation. J'ai constaté que commencer par expliquer cette histoire aux étudiants permet de dédramatiser le rapport au texte ; certains de mes étudiants musulmans ont peur de lire le texte biblique et d'en donner une interprétation non autorisée, car le geste herméneutique ne leur est pas familier en contexte religieux ; paradoxalement, certains étudiants athées ont strictement la même attitude. Il faut donc à la fois leur rappeler qu'il s'agit d'une œuvre littéraire pour laquelle les outils habituels d'analyse restent valides, et que les deux traditions juive et chrétienne sont précisément dans un rapport herméneutique au texte, donc qu'il n'y a aucune illégitimité dogmatique à problématiser les données contenues dedans. Le geste auquel je les invite est celui de rouvrir le texte-source pour pouvoir interpréter les données de la culture qui en découle ; ce faisant, ils découvrent à leur manière ce que vous indiquez, à savoir que le texte biblique est une chose, et que la culture chrétienne en est une autre, car la Bible est *devenue* le grand code de la culture occidentale, conglomérat de souvenirs des apocryphes et de systèmes interprétatifs divers. Cette culture fut celle de tous, elle ne l'est plus pour nous aujourd'hui, à de rares exceptions près ; aussi je me demande si, pour éclairer notre retour au texte d'aujourd'hui, il ne serait pas profitable de remonter plus loin dans le temps qu'à cette chrétienté plus ou moins fantasmatique et interroger les difficultés de réception du texte biblique de l'époque patristique.

Ensuite, je suis sensible à la question que vous soulevez sur l'impossible banalisation d'un enseignement sur la Bible. Si lorsqu'on s'adresse à des étudiants de l'université d'État, on ne veut pas s'entendre dire comme Paul à Athènes « nous t'entendrons là-dessus une autre fois », il convient de gagner la confiance de celui à qui l'on prétend transmettre le texte biblique. Contrairement à ce que l'on pourrait penser spontanément – et je soutiens ici qu'il n'y a pas chez eux ce que nous désignions ce matin comme « oubli de l'oubli » – les étudiants sont demandeurs d'une connaissance rigoureuse et réfléchie du texte biblique car ils sont, au stade où je les prends, conscients de leur ignorance comme d'un manque dans leur culture; de plus, en raison de la difficulté qu'offre le texte en première lecture, ils veulent un guide et ce rôle échoit par construction à l'enseignant. Ce qui est difficile, ce n'est donc pas de leur proposer le texte, c'est de se faire accepter, dans la durée, comme un guide fiable pour l'exploration de celui-ci. Je sais mon avantage sur les enseignants du secondaire: m'adressant à des jeunes de vingt ans et plus, je peux aplanir les obstacles en rassurant les peurs par des arguments de raison, et en confortant la légitimité de l'étude que je fais par le déploiement de la complexité du texte ainsi que de l'histoire de sa réception. Mais ceci m'amène, *in fine*, à me demander sur quoi est fondée ma légitimité dans cet enseignement précis. Ma compétence professionnelle, certes, qui consiste à mener une analyse précise et rigoureuse d'un texte. Mais quand on fait étudier le texte biblique à l'université, il faut à la fois être un enseignant en littérature, se cantonner strictement dans ce rôle et le déborder largement. Au bout de trois cours, un groupe d'étudiants est venu me trouver pour me demander: « Madame, votre cours est rigoureux, vous nous donnez beaucoup d'informations sur le texte et le contexte, vous donnez toujours plusieurs interprétations du texte, mais on se demandait: êtes-vous croyante? » Bref, ils voulaient savoir d'où je parlais, et la difficulté pour moi est que la laïcité, telle qu'elle est pratiquée dans l'université, suppose que je me taise là-dessus. Ils le sentent d'ailleurs, et cela se voit à la façon dont ils ont formulé leur question: ma position professionnelle doit primer sur mes convictions personnelles, mais en même temps je sens bien que ma légitimité à leurs yeux tient au moins autant à la familiarité que j'entretiens, à titre personnel, avec le texte biblique. Ce qui est confirmé aussi par les remarques de collègues: ceux qui savent mes convictions personnelles et l'intérêt que j'ai pris à me former en ce domaine affirment que c'est un heureux hasard qui a fait que ce soit à moi à qui l'on a confié ce cours; ils se seraient sentis impropres eux-mêmes à l'assurer. Tout se passe comme si j'étudiais un texte comme les autres avec les mêmes outils que pour les autres, mais que la valeur de mon travail venait précisément de ce que j'entretiens à titre personnel un rapport particulier avec ce texte singulier.

Réponse d'Anne-Marie Pelletier

Je reviens sur le second aspect de votre intervention, puisque c'est celui auquel vous donnez le plus d'ampleur. Quelle peut être la légitimité de ce type d'enseignement? Quel genre d'autorité peut-on y mettre en œuvre? Questions qui me sont évidemment sensibles depuis ces années où, à Paris-X, j'entreprenais d'ouvrir et de lire la Bible en cours de Littérature, en un temps où cela ne se faisait pratiquement pas. Questions qui se posent à moi en ce moment même, lorsque j'enseigne à l'Institut européen en sciences des Religions, dans le cadre laïc de l'École pratique.

Je dirai d'abord que ce qui vous légitime dans une telle pratique, au sein de l'institution scolaire ou universitaire, donc dans un contexte de laïcité, ne peut être que la compétence professionnelle. Ce qui qualifie et légitime l'enseignant, ici comme en toute discipline, est tout simplement et essentiellement un savoir acquis – et qui peut l'être en dehors de l'adhésion confessante. Il est capital que ceci soit clarifié et compris de tous, à la fois de ceux qui sont destinataires de cet enseignement, mais aussi des pairs de l'enseignant. Cela étant, – et la conférence de Catherine Chalier entendue ce matin le rappelait avec force – il est clair qu'une qualification professionnelle ne se limite pas au fait de détenir un savoir d'érudition. L'acte de transmettre met nécessairement en jeu une compétence de savoir et, indissociablement, la relation que l'on entretient soi-même avec ce que l'on enseigne. C'est là une donnée à la base de toute transmission. Comment introduire à la lecture de Proust, si l'on n'a pas soi-même fait l'expérience patiente, heureuse, passionnée de la lecture de *La Recherche*? Et nous savons que c'est précisément ce lien existentiel qui permet que la matière enseignée trouve le chemin de l'enseigné et l'atteigne.

Certes, les choses sont plus complexes et délicates quand il s'agit d'enseigner un livre qui s'autodésigne comme « Parole de Dieu ». Que l'on ouvre la Bible au Collège des Bernardins ou à Paris-X, que l'on lise des oracles prophétiques ou des *Psaumes*, impossible d'éluder cette réalité. Dans le mouvement même où il s'exprime, le texte biblique déclare renvoyer à Dieu. Et il invite donc son lecteur à prendre position face à cette prétention. Celui-ci décidera-t-il de la ratifier, en faisant crédit au livre sur ce point fondamental de son identité? Ou bien tiendra-t-il cette prétention pour un fantasme qu'il récusera, ou peut-être simplement ignorera dans sa lecture? Nous sommes certainement là sur la ligne de partage. À l'université, où l'on est censé lire le texte intégralement, comme on le fait pour toute œuvre, on enregistrera bien que le texte biblique prétend à cette identité. Mais la convention de lecture et d'interprétation en vigueur en un tel lieu est de suspendre le jugement. À chacun de décider en son for intérieur, c'est-à-dire en aval de la lecture partagée. Au séminaire, évidemment, le contrat de lecture sera autre. On y partira au contraire de l'affirmation « Parole de Dieu », de l'acquiescement à cette identité du texte. Qui n'est d'ailleurs pas sans appeler des clarifications… Et c'est à partir de là que l'on cherchera à lire et à comprendre.

Certes, nous sommes sur une ligne de crête. Car le fait de s'arrêter méthodologiquement au seuil de la décision n'empêche évidemment pas l'existence d'un engagement existentiel à l'égard du texte. Et celui-ci est nécessairement perçu par les enseignés. Puis-je rappeler un souvenir personnel? Celui de cette appréciation un peu cavalière qui circulait à propos du cours que je donnais sur la Bible. « Elle est très pour ou bien elle est très contre », se disait-on. J'avais aimé finalement cette formule, à cause du « très » qu'elle contient. Mes étudiants avaient bien saisi que je n'étais pas dans un rapport d'indifférence, de neutralité à l'égard du livre que nous ouvrions ensemble. Et c'est finalement cette relation énigmatique qui les intéressait et leur ouvrait le chemin de leur propre lecture.

Je reviens à votre question par un autre biais encore : est-il souhaitable ou est-il profitable que l'enseignant, tout en gardant cette réserve que je dis et que je maintiens, soit croyant? Lirait-il mieux parce qu'il est croyant? J'ose dire que je pense que oui! Pour une raison très simple : aborder le texte en croyant, c'est l'aborder à partir d'une confiance, qui est donc une ouverture fondamentale à ce qu'il dit et veut transmettre. C'est l'aborder dans le présupposé qu'il peut dire vrai, qu'il est crédible. C'est consentir à l'écouter. Donc lui permettre de parler tout simplement. Comprendre l'autre implique de commencer par lui faire crédit! Ce que dit Gadamer, lorsqu'il déclare en substance : « Comprendre quelqu'un, c'est accepter qu'il ait raison jusqu'à un certain point et, partant, c'est se laisser transformer ». Voilà ce que garantit une relation croyante au texte, sans préjuger de ce que les auditeurs feront de ce qui est lu à partir de là. Probablement, un agnostique peut-il lire avec et dans cette ouverture. Mais je ne suis pas sûre qu'il soit si facile de demeurer dans une attitude de suspension du jugement face au texte biblique. Et nous savons qu'un tel enseignement peut être pratiqué dans une perspective polémique et agressive qui empêche tout simplement d'entendre ce qui est écrit. Pour dire les choses *a minima*, mais en touchant tout de même l'essentiel, je dirais que, à mes yeux, la pierre de touche consiste à admettre que le texte est parole intelligente. Donc parole qui mérite d'être entendue. C'est en tout cas mon objectif en contexte de lecture culturelle : donner à reconnaître la puissance d'intelligence investie dans le livre biblique. Ce qui implique évidemment qu'il soit lu avec intelligence…

Éduquer pour un monde ouvert.
La personne remise à notre responsabilité

Conférence de Jean Caron
Réponses de Charles Mercier et Sophie Bazin de Jessey

Conférence de Jean Caron

Bonjour à chacun, bienvenue!
Je vous adresse le salut!

Ce que je viens de faire, ce que je viens de dire, est peut-être exemplaire, dans sa simplicité comme dans son audace, de ce que nous cherchons ensemble : comment répondre en effet à ce que nous avons identifié comme une crise de la transmission? Et si les questions « comment transmettre? », « comment surmonter la crise de la transmission? » renvoyaient à des actes tout simples comme ceux que je viens de faire : s'ouvrir vers l'avenir – bonjour! –, vers une journée qu'aucun d'entre vous n'a complètement prévue et qui, je l'espère vous surprendra, vous regarder et vous souhaiter le salut dans l'acte même par lequel je prends la parole?

Hier nous avons entendu des exposés substantiels; quelque chose comme un trésor a été transmis; mais certains d'entre nous ne sont plus là, qui ont pris la parole; ceux d'hier ont lancé un élan qu'il faut pouvoir continuer ce matin après la nuit; et certains d'entre vous, qui n'étaient pas là hier, et qui ne sont pas « tard venus » mais « bien-venus » en leur nouveauté, postérieurs par rapport à l'antériorité d'hier, ont besoin que ce passé continue en leur étant transmis. Il faut que le présent d'aujourd'hui soit nourri du passé et que le passé d'hier ait un avenir à travers cette journée.

Du coup dans ce moment précis que nous essayons d'ouvrir et d'habiter, il convient de faire ce que font tous les éducateurs dans leur classe : prendre quelque chose de concret, qui a été déjà déposé quelque part – un théorème de mathématique, un énoncé de sciences physiques, un texte littéraire –, l'apporter pour qu'il devienne l'objet du dialogue commun, l'objet d'une transmission vivante.

La chance d'un monde ouvert?

Ainsi, pour avancer, pour permettre cet ancrage, je me saisis d'un livre – *Les feuillets d'Hypnos* de René Char[1] – et je lis cet énoncé qui sert de titre à notre colloque :

> Notre héritage n'est précédé d'aucun testament.

Cette phrase est-elle aussi exemplaire de ce qu'est la réalité à transmettre ? Elle se donne, dans son objectivité comme dans son énigme, entre deux blancs ; René Char ne l'a accompagnée d'aucune explication. Il nous la laisse entre le blanc de son silence, de sa méditation, et le blanc de notre liberté : qu'allons-nous en faire ? Qu'allons-nous proposer en guise de parole pour déplier cette phrase en commençant à l'interpréter ? Transmettre a de fait toujours à voir avec une interprétation, dans le double sens que le mot prend pour l'herméneute qui cherche à déchiffrer et pour le musicien qui a à « interpréter » une partition qui sans lui resterait muette. Les grands textes du passé, les grandes réalisations de la culture ont besoin d'être interprétés par des hommes qui s'en saisissent pour risquer un sens.

Une interprétation de cette phrase de René Char nous a été proposée hier par Catherine Chalier ; j'aimerais en tenter une autre. Il s'agit par là de découvrir que cette pluralité des interprétations, qui parfois nous inquiète, pourrait être au contraire ce qui peut nous faire vivre en nous faisant nous étonner. Le poète écrit cette phrase dans le contexte de la Résistance française : quelque chose dans ces années de guerre a été vécu par les résistants qui est de l'ordre d'un trésor et qui introduit chez ceux qui étaient engagés un sentiment de dette et de gratitude pour les sacrifices offerts ; cette réalité précieuse ne peut pas purement et simplement disparaître. Et pourtant il n'y aurait « aucun testament » ; comment l'entendre ? Un testament est un texte qui, parce qu'il est authentifié par une signature, dit aux

---

1. R. CHAR, *Fureur et Mystère*, « Feuillets d'Hypnos », 62, *Œuvres complètes*, La Pléiade, p. 190.

héritiers ce qui sera légitimement leur, ce dont ils pourront se saisir légitimement et qui deviendra leur propriété. Devant la perte, un écrit est donné qui, en étant lu en présence de chacun, permet de savoir comment faire maintenant en rendant lisible cette réalité du trésor, afin que celui-ci ne soit pas purement et simplement enfoui ou dilapidé, mais qu'il serve durablement aux vivants. Le testament permet ainsi d'assurer le lien entre les générations en même temps qu'il opère un tri pour un partage. Il permet, comme le dit Hannah Arendt qui, elle aussi, risque son interprétation de cette phrase dans *La crise de la culture*, en venant nommer les choses, d'« assigner un passé à l'avenir » : il transmet.

Il devient alors possible de relier la citation de René Char à une situation qui serait devenue aussi la nôtre : quelque chose est peut-être perdu lorsqu'aucun testament ne lègue le passé précieux à l'avenir. Du coup, cette absence de testament ferait de nous des héritiers mais des héritiers paradoxalement inconscients de leur héritage, incapables alors de se l'approprier, de le méditer et même de le questionner et par là condamnés à l'immédiat, au flux d'une temporalité devenue indéchiffrable. L'épaisseur du monde deviendrait alors illisible.

On sait le trouble, souvent diagnostiqué, que peut impliquer cette prise de conscience ; mais cette absence de testament peut donner lieu à une interprétation moins pessimiste et plus provocante. Le sous-titre de notre colloque invite en effet à voir dans cette situation d'absence, voire de perte, « la chance d'un monde ouvert ». L'absence de testament doit-elle nécessairement paniquer ceux qui ont conscience d'être des héritiers ? La lecture de l'aphorisme qui suit immédiatement dans le texte de René Char nous met sur un autre chemin : « On ne se bat bien que pour les causes qu'on modèle soi-même et avec lesquelles on se brûle en s'identifiant[2] ». Comme si dans la disposition même de ses aphorismes, René Char nous disait que cette absence était la possibilité d'une audace, d'une brûlure : à nous d'agir en nous risquant.

Qu'entendre alors par monde ouvert ? On pense sans doute d'abord à l'ouverture d'une blessure, à quelque chose comme une cassure, comme une brèche qui pourrait devenir béance entre le passé et l'avenir, et qui nous inquiète. Comment surmonter cette

---

2. R. CHAR, 63, p. 190.

faille pour rendre possible un passage et construire un pont? Où trouver les passeurs qui permettraient d'aller de l'autre côté de ce Styx-là? Le terme « ouverture » renvoie alors à toutes les impasses de la transmission concrètement vécues dans nos classes, dans nos familles, dans nos églises... Mais l'absence de testament renvoie à l'absence d'*une* clef de lecture ; nous sommes des héritiers confrontés à un trop-plein de sens que nous ne savons hiérarchiser, entre lesquels nous ne savons pas choisir. Monde ouvert dit alors monde complexe, rendant possible une multiplicité de points de vue et d'angles de compréhension dont aucun ne s'impose de manière indiscutable. Cela rend toute lecture partielle à la fois risquée et mutilante.

Mais parler de monde ouvert, c'est aussi dire – et alors la perspective commence à s'inverser – que, dans une telle situation, l'avenir est... *ouvert*, non joué d'avance, parce que cessant d'être sous la dominante exclusive d'un seul testament. N'est-ce pas là en fait le cas de toute situation historique? Et cette imprévisibilité de l'avenir rend possible une transformation. Que le monde soit ouvert implique que nous puissions y risquer une action. Ainsi la nouveauté fait éclater la clôture de l'identité. Rêvions-nous d'une tradition qui se contenterait de transmettre tel quel, fossilisé, un passé devenu mort? On pense alors à la formule de Paul Valéry inscrite sur le Palais de Chaillot, invitant à voir dans le musée moins un « conservatoire » qu'un lieu de renouvellement du sens : « Il dépend de toi que je sois tombe ou trésor, ami, n'entre pas sans désir ! »

Dès lors cette ouverture qui peut faire peur et qui met en question notre rôle de « transmetteurs » devient un appel à la responsabilité, cette responsabilité qui est celle de l'éducateur en temps de brouillard. Il s'agit, en effet, d'articuler ce qui déstabilise la transmission avec ce qui lui donne son sens et qui fait son prix : certes celle-ci ne va plus de soi, ni dans ce qui est à transmettre – il nous faut trier, assumer un partage – ni dans la manière de transmettre ; mais c'est peut-être que la transmission et le métier d'éducateur redeviennent une aventure. L'éducateur est celui qui se situe sur la brèche, sur cette fracture entre le passé et l'avenir, pour exercer, dans une situation qui la rend difficile, cette fonction sociale indispensable : assumer la responsabilité de maintenir vivants des héritages que nous savons précieux en prenant le risque de choisir, dans ce qui a été, ce qui fait sens pour aujourd'hui. Dans une telle situation, il n'est pas étonnant qu'en tout enseignant la crise de la lisibilité du monde se traduise par une crise de la responsabilité : qu'est-ce qui peut m'autoriser à transmettre quelque chose ?

Car l'éducateur, probablement comme toute la société, vit une de ces périodes critiques qu'une distinction mise en place par John Stuart Mill dans son *Autobiographie* nous permet de décrypter. Celui-ci appelle périodes *organiques* celles où une communauté politique et sociale vit en cohérence – du moins le croit-elle – avec un consensus de lecture du réel, avec ce que nous pourrions appeler un testament clair. Elle dispose alors d'un idéal-type de l'homme qu'elle veut former dans et par la transmission. Durant de telles époques l'éducation peut se définir comme le moyen par lequel une communauté sauvegarde, transmet ses caractères propres selon une figure acceptée en commun, non discutée. Mais, nous dit Stuart Mill, il existe aussi dans le cours d'une histoire qu'il faut nous apprendre à penser comme dynamique et comme dialectique, des périodes *critiques* – et peut-être les périodes les plus fécondes, à l'origine des traditions, étaient de ce type – dans lesquelles une société historique voit se défaire ce qui faisait sa légitimité et sa raison d'exister : devant un présent devenu en partie illisible, les hommes se trouvent projetés vers l'obligation de penser quoi et comment transmettre, c'est-à-dire devant l'obligation d'inventer de nouveaux consensus.

Vivant sans doute une époque de ce type, nous ressassons indéfiniment un diagnostic de crise et une tentation d'abstention. L'homme contemporain des sociétés occidentales, individuellement autant que collectivement, se trouve renvoyé à des questions redevenues problématiques : que transmettre ? Comment transmettre ? Où trouver la force de transmettre ? L'éducation est alors précisément le lieu où, dans un état d'incertitude, se décide ce choix de la responsabilité de l'avenir :

> L'éducation est le point où se décide si nous aimons assez le monde pour en assumer la responsabilité, et de plus, le sauver de cette ruine qui serait inévitable sans ce renouvellement et sans cette arrivée de jeunes et de nouveaux venus. C'est également avec l'éducation que nous décidons si nous aimons assez nos enfants pour ne pas les rejeter de notre monde, ni les abandonner à eux-mêmes, ni leur enlever leur chance d'entreprendre quelque chose de neuf, quelque chose que nous n'avions pas prévu, mais

les préparer d'avance à la tâche de renouveler un monde commun[3].

Le défi de l'enfance ou le primat de l'avenir

Comment dès lors avancer? Comment restaurer la confiance dans l'acte de la transmission et selon quelle orientation un tel choix pour l'avenir peut-il être fondé et mis en pratique?

La nouvelle d'Edgar Poe *La lettre volée*[4] peut nous mettre sur la voie. Il s'agit dans cette histoire de cacher une lettre pour être sûr que la police, venue perquisitionner, ne la découvrira pas. La trouvaille est alors de la laisser dans le porte-lettres, sur la cheminée, aux yeux de tous, seul lieu où le commissaire ne la cherchera pas... Et si la « solution » de la crise de la transmission, pour aujourd'hui comme pour hier, était dans ce qu'il y a de plus manifeste? La présence incontestable de l'enfant, ce fait de la natalité dont Hannah Arendt nous dit qu'il est la donnée première sur lequel fonder une anthropologie de l'espérance. Tant qu'il y aura des enfants en effet – l'histoire la plus banale et la plus « extraordinaire » pour parler comme Poe – il faudra des hommes et des femmes qui osent l'aventure de la transmission. Et il suffit peut-être de se rendre attentif à ce qu'est un enfant, à la manière dont il est structurellement orienté, pour comprendre qu'une transmission est toujours indispensable et pour saisir les modes d'une transmission réussie. L'enfant est en effet ce qui est de nature à faire surgir la responsabilité; il appelle, par son être même, ceux qui répondront présent devant son être à la fois en défaut et en promesse. Comment se développera-t-il? Comment son dynamisme sera-t-il entravé ou servi? Ici c'est la vulnérabilité même de l'enfant qui, en dernière instance, constitue ce qui oblige les adultes à sauver cet être de la mort. C'est ainsi que Hans Jonas, dans le *Principe Responsabilité*, parle de « l'évidence archétypique du nourrisson[5] » qui nous fait saisir dans son essence le concept même de responsabilité.

En regardant l'enfant, il devient alors possible de sortir des ornières dans lesquelles s'empêtrent beaucoup de réflexions sur la

---

3. H. ARENDT, « La crise de l'éducation », *La crise de la culture*, Idées Gallimard, 1972, p. 251-252.

4. E. A. POE, « La lettre volée », *Nouvelles extraordinaires*, Paris, GF, p. 89-108.

5. H. JONAS, *Le principe responsabilité*, Champs Flammarion, p. 257.

transmission et la tradition. L'être qui appelle l'acte de transmettre est en effet tout entier ouvert vers un avenir imprévisible qu'il ouvre en obligeant à inventer des voies nouvelles. « La tradition est oubli des origines[6] », écrit Husserl. Le « traditionalisme » oublie en effet – singulière amnésie chez ceux qui revendiquent la force de la mémoire – que lorsque la tradition dont il se revendique est apparue elle était nouvelle et elle luttait contre d'autres traditions. Au moment où surgit une figure nouvelle, celle-ci se présente comme un élan vers un avenir pour laquelle elle propose un sens dans une situation d'incertitude.

Dès lors, ces deux prises de conscience – attention à ce qui est fragile, donc responsabilité d'une part et orientation décidée vers le nouveau d'autre part – résultent de toute pensée de l'éducation qui choisit de se poser résolument face à l'enfance. La jeunesse, comme le montre Bernanos, n'est-elle pas ce qui empêche le monde de mourir de froid, ce qui nous interdit de nous fossiliser dans nos peurs ? Le fait de la natalité convie à une anthropologie de l'espérance. Martin Buber écrit : « Le genre humain commence en chaque instant[7] ». Dans l'avant-dernier chapitre de la *Condition de l'homme moderne*, Hannah Arendt, parlant de l'imprévisible et de la promesse, indique ce qui est pour elle « le miracle qui sauve le monde », le signe qui ouvre l'avenir : « Un enfant nous est né[8] ». Dans le *Ménon* de Platon, Socrate, qui cherche un passage entre deux conceptions de la transmission, celle de la tradition aristocratique et celle des nouvelles écoles sophistiques, fait venir un jeune esclave en montrant qu'aujourd'hui il est possible d'apprendre de nouveau en entrant en soi-même pour y découvrir le vrai. Ainsi le regard porté vers l'enfance permet de se tourner vers un principe de croissance qui est le fondement de toute pensée de l'éducation.

Je peux alors découvrir dans l'enfant comme une clef de lecture du devenir de l'homme, le chiffre de ce que j'ai à faire comme éducateur. Ainsi il s'agira d'accompagner ce dynamisme dans son chemin de culture, en faisant passer l'enfant du silence – l'*infans*, en latin, désigne celui qui ne parle pas – au langage par lequel il advient

---

6. Cité par M. MERLEAU-PONTY, « Le philosophe et son ombre », *Signes*, Gallimard, p. 201.
7. M. BUBER, *La relation, âme de l'éducation ?*, Parole et Silence, p. 48.
8. H. ARENDT, *Condition de l'homme moderne*, Calmann-Lévy, Agora, p. 314.

à lui-même en devenant capable d'intérioriser le sens du monde. À l'intérieur d'une langue donnée, qu'il s'agit de faire acquérir dans toute sa précision et toute sa richesse, l'être se déploie par l'intériorisation et le questionnement de ce qui lui est transmis. Dans ce mouvement, l'humain devient unique et passe de la plus grande dépendance à la liberté. Par cette élévation que permet l'éducation, l'humain dépasse ses clôtures et advient à l'ouvert. L'enfant, regardé dans sa réalité concrète, au cœur de ses conditionnements, mais aussi dans son dynamisme qui appelle l'action de l'adulte, devient alors ce qui justifie l'acte de transmettre en lui donnant ses principes d'orientation. Cet avenir qu'est l'enfant, il s'agit en effet d'en préserver la nouveauté et d'en garantir l'être sensé. L'éducateur regarde l'enfant, il l'accompagne, il suscite ses questions – ici *Émile* de Rousseau reste le grand traité de l'éducation qui invite à toujours partir du dynamisme même de la vie – et il ose lui transmettre des clefs d'interprétation pour nourrir sa liberté, en permettant l'advenue d'un sens et d'une cohérence. Car l'absence de maîtres, par une exposition prématurée au monde qui priverait l'enfant de la capacité d'intérioriser des informations devenues incompréhensibles du fait même de leur multiplicité, risquerait toujours de faire éclater le sujet ; l'éducation vise la formation d'une unité au contact d'une multiplicité, en respectant une temporalité spécifique qui permet progression et maturation. Ici aussi la réflexion sur ce qui adviendrait à l'enfant si la transmission n'avait pas lieu est ce qui permet à l'éducateur d'assumer sa responsabilité insubstituable.

Vers un nouveau consensus ? La formation de la personne

Remis en confiance par le regard porté sur l'enfance, héritiers sans testament tentés par le découragement, nous voici peut-être réorientés vers un avenir à construire. Il devient alors nécessaire d'indiquer brièvement ce que pourrait être ce « nouveau consensus » qu'appelle à édifier une société confrontée à la difficulté de la transmission. Les « traditions » vivantes aujourd'hui présentes dans la société française ne gagneraient-elles pas à dialoguer entre elles pour tenter de penser ce consensus sur des bases renouvelées ? La philosophie d'Habermas permet d'envisager les voies d'une communication entre les traditions pour construire les significations communes nécessaires à une œuvre collective.

Nous voudrions suggérer qu'un tel dialogue commun pourrait se nouer autour d'une réflexion commune centrée sur la notion de personne et sur ce qu'implique dans les conditions actuelles des sociétés modernes une éducation tournée vers la formation intégrale de la personne. N'est-ce pas en effet autour de cette notion, située au confluent d'une diversité conflictuelle d'héritages, que ce consensus pourrait se mettre en place au service d'une idée renouvelée de la transmission ? Confrontée à une crise multiforme et sans précédent de ce qui fait son sens, une société ne peut penser l'éducation sans chercher à se fonder sur une anthropologie cohérente et ouverte.

Or nous nous trouvons probablement – et c'est peut-être là la racine de cette « crise » de l'éducation autour de laquelle nous tournons – devant non pas tant une crise du passé (le passé est souvent vivant, ouvrons les livres !) que devant une crise de l'avenir : que voulons-nous transmettre ? Qu'est-ce qui pour nous est précieux ? Quel sens voulons-nous donner à l'avenir, si tant est que nous croyions encore à un avenir commun ? Plus encore, cette crise de l'avenir tient au doute portant sur la capacité qu'aurait la pensée rationnelle de fonder un projet collectif permettant de surmonter la brèche entre le passé et l'avenir : comment nous donnons-nous une idée de l'homme que nous cherchons à promouvoir dans nos actes d'éducation ? Les Grecs pensaient qu'aucune *Paideia* ne pouvait être mise en œuvre sans une idée de l'homme. Comment pouvons-nous, nous autres modernes, penser qu'il y aurait une éducation sans un *kanon*, sans une idée de l'être à former ? Ne s'agit-il pas alors d'ouvrir cette question et de nous expliquer les uns devant les autres, les uns avec les autres, sur cette « idée de l'homme » qui oriente – ou n'oriente pas – nos actes de transmission et notre volonté de transmettre ?

Revenus de beaucoup d'utopies, revenus de philosophies de l'histoire qui ont montré toutes leurs limites, nous sommes peut-être en mesure de réactiver la seule utopie de nature à donner sens à l'éducation : l'utopie de la personne, qui ouvre à l'éducateur une tâche tout à la fois modeste et grandiose. Servir à la personnalisation d'un être humain, essayer de l'aider à devenir toujours plus personnel et du coup permettre à la société de devenir avec lui toujours plus personnalisante en résistant aux processus puissants, tant économiques que techniques, qui l'acheminent vers de tout autres directions, tel pourrait être l'idée directrice de notre pratique éducative.

Il s'agirait alors, par un travail qui supposerait l'articulation des différents savoirs, de penser les conditions de possibilité de l'avènement de la personne. Il conviendrait alors de se rendre attentif au mouvement même de la vie, qui, à un certain moment de son développement, a permis l'apparition d'êtres intelligents, conscients, capables d'exprimer le monde dans un langage et de se relier les uns aux autres. De la même manière que la conscience d'un équilibre écologique à préserver est en train de faire se lever un engagement collectif en faveur de l'avenir de la planète, ne pourrait-on pas s'attendre à ce que la conscience de la vulnérabilité de la personne humaine fasse naître une attention commune à la tâche de la transmission? En effet, un tel regard porté sur les conditions de possibilité de l'émergence de l'humain, centre d'autonomie, permettrait de prendre mieux conscience que l'individu ne peut découvrir son unicité que par et dans une transmission vivante de ce qui donne sens et valeur à son agir et à l'insertion de sa liberté dans le monde. Si la transmission ne se fait pas, si elle se fait dans de mauvaises conditions, c'est la capacité même de dire « je » dans un langage reçu qui se trouve empêchée voire abolie.

À travers une telle réflexion, l'acte de la transmission peut de nouveau être découvert comme l'acte personnalisant par excellence, déployant le sujet vers son plus large épanouissement et rendant possible l'humanisation tant de celui qui transmet que de celui qui, par là, apprend pour mieux devenir lui-même. Chaque homme ne devient-il pas une personne parce qu'on lui a transmis le monde et parce qu'il le transmet à son tour à d'autres? L'élève ne commence-t-il pas à comprendre quand il devient capable d'expliquer?

Du coup, devant la difficulté de la transmission il s'agirait peut-être d'abord et simplement de mieux prendre conscience, individuellement et collectivement, du fait que nous tenons à l'avenir du monde. Conscients que nous sommes de notre mortalité, mais aussi du trésor qui nous a construits, et que, jusque dans nos remises en question par lesquelles nous le maintenons vivant, nous tenons à transmettre, nous ne pouvons nous abstenir de la tâche éducative, ne serait-ce que parce que, nous dit Hannah Arendt, nous connaissons et aimons des êtres qui seront dans le monde quand nous n'y serons plus. Nous savons en effet que la personne est remise à notre responsabilité et que l'esprit est à la fois le plus précieux et le plus fragile des fruits de l'évolution.

Nous pouvons alors faire nôtres les mots par lesquels Martin Buber s'adressait, en 1925, à un congrès international de pédagogie :

> Dans le siècle en décomposition, les « personnalités » tant portées aux nues et qui s'y entendent à utiliser ses simulacres pour, en leur nom, dominer le « temps », ont finalement aussi peu de poids, si l'on considère les événements dans leur vérité, que ceux qui pleurent les formes authentiques appartenant au passé et s'appliquent à les restaurer : ne comptent que les personnes, si peu considérées qu'elles soient, qui, chacune dans le silence de leur champ d'action, répondent de la pérennité de sa substance vivante, en assument la responsabilité. Il en va de même dans le domaine de l'éducation[9].

Intervention de Charles Mercier[10]

Merci pour cet exposé si riche.

Un point m'a particulièrement rejoint. Vous nous avez dit que pour faire se lever des hommes et des femmes qui se sentaient concernés par la transmission, il fallait qu'ils prennent conscience de la vulnérabilité de l'enfant mais aussi du message à transmettre. Dans mon domaine, l'Histoire, cette conscience de la fragilité des messages est particulièrement vive. C'est sans doute un des fondements de la démarche de l'historien : garder et transmettre la mémoire de ce qui est remarquable et qui risque de disparaître. Aujourd'hui, cette conscience est particulièrement vive pour ce qui est de la mémoire des deux guerres mondiales et de la Shoah. Il y a une forme d'angoisse à savoir, si, au fur et à mesure que les acteurs et les témoins directs de la tragédie s'éteignent, leur expérience et leurs idées survivront dans le corps social. Par rapport à la première guerre mondiale, quand le dernier poilu, Lazare Ponticelli, est mort en 2008, on a senti qu'une page se tournait. Depuis longtemps déjà le 11 Novembre avait perdu de sa force et de sa signification pour

---

9. M. BUBER, *La relation, âme de l'éducation*, Parole et Silence, p. 86-87.
10. Doctorant en histoire contemporaine. Formateur à l'IUFM de Paris (Paris IV).

une grande majorité de la population. Par rapport au deuxième conflit mondial, l'antisémitisme, le racisme, la xénophobie que l'on croyait éradiqués ressurgissent, comme si l'expérience des uns ne pouvait être celle des autres. Face à cette fragilité des sagesses qui se sont forgées en surmontant l'épreuve, de multiples expériences de transmission sont organisées aussi bien dans le cadre de l'Éducation nationale qu'en dehors. Le concours de la Résistance qui permet chaque année à des collégiens et des lycéens de réfléchir sur un sujet relatif à la seconde guerre mondiale en est un exemple.

Il faut cependant noter que la volonté de transmettre quelque chose considéré comme fragile n'est pas simple. Les bonnes intentions ne suffisent pas. J'ai moi-même expérimenté, lorsque j'étais jeune professeur, des déconvenues dans l'enseignement de la Shoah à mes élèves de troisième. Pour la plupart, ils n'étaient pas issus de familles où le sujet était abordé. Quand il l'était, c'était selon des approches plus ou moins négationnistes. La première fois que j'ai diffusé des extraits du film *Nuit et Brouillard* d'Alain Resnais, j'ai éprouvé stupeur et colère quand certains se sont mis à rire devant les corps mutilés et entassés montrés par la caméra. La communication à mes élèves de ce que je ressentais semblait complètement ratée.

C'est là qu'intervient le deuxième terme de votre proposition. Pour éveiller au goût de l'acte de la transmission, il faut prendre conscience que son objet n'est pas un passé fossilisé mais une tradition vivante, capable de s'actualiser face aux nouveautés. Un deuxième exemple me vient à l'esprit. Quand j'étais en poste à Bondy en Seine-Saint-Denis, j'ai coopéré avec l'association « Bondy devoir de mémoire ». Son but : faire mémoire des horreurs de la guerre pour promouvoir la paix. Composée par des anciens combattants de la guerre d'Algérie principalement, mais aussi par quelques résistants de la Seconde Guerre mondiale, quelques déportés et des enfants de victimes de l'holocauste, la moyenne d'âge est assez élevée. La principale activité de cette association consiste à organiser dans les établissements scolaires de la ville un concours permettant aux lauréats de partir en voyage sur un lieu emblématique d'un conflit : Dieppe, Verdun, Oradour-sur-Glane... Les gagnants sont intégralement pris en charge ; avec leur enseignant, ils partent en car accompagnés par les bénévoles de l'association vers six heures du matin et reviennent tard dans la nuit le lendemain. Le voyage comprend la visite de musées et de lieux de mémoire, un déjeuner au restaurant (fort apprécié des élèves), mais son moment le plus fort est une cérémonie d'hommage aux victimes de la guerre dans un cimetière militaire. Toute la panoplie des anciens combattants, soigneusement transportée dans les soutes du car, est alors sortie : drapeaux, fleurs, trompettes... Les jeunes sont invités à participer à la cérémonie, s'ils le souhaitent, en portant un drapeau ou une gerbe de fleurs. Les candidats ne manquent pas. L'hommage se déroule dans un climat de recueillement. Les élèves, dont l'enseignant connaît tout le potentiel perturbateur, prennent leur posture la plus solennelle. À la fin, les bénévoles viennent serrer la main des porteurs de drapeau et des autres élèves en leur disant « merci ». J'ai vu un grand gaillard de quinze ans, originaire du Mali, fondre en larmes. Peut-être était-ce la première fois qu'il avait l'impression d'être considéré comme Français ? Les élèves reviennent formidablement heureux de leur sortie. Pourquoi cette association réussit-elle à transmettre d'une part un message pacifiste, d'autre part un sentiment d'appartenance à la nation française ? Parce qu'elle le fait de manière vivante, ouverte. Il ne s'agit pas d'un patriotisme ombrageux replié sur lui-même. L'identité française est saisie de manière dynamique. En passant le drapeau à des jeunes de toutes origines et de toutes couleurs, à des garçons comme à des filles, l'association actualise la tradition et le message. Elle est fidèle à l'esprit en dépassant les formes traditionnelles. L'hospitalité et la convivialité tiennent aussi un rôle important.

J'en viens maintenant à ma question. Ne pourrait-on pas considérer que pour éveiller des vocations d'éducateurs, l'éblouissement devant la puissance d'une idée, d'une œuvre ou d'un message est tout aussi important que la prise en compte de la fragilité de sa transmission de conscience à conscience ?

Réponse de Jean Caron

Ce sont bien sûr des questions très difficiles... L'exemple que vous avez choisi nous livre peut-être une piste de réponse. Regardons encore une fois l'enfant. L'enfant est tourné structurellement vers la vie ; on comprend donc que, s'il entend des propos qui sont vécus par lui comme désespérants, comme ressassant quelque chose qui est perçu par lui comme purement et simplement négatif, il le saisit comme n'ayant pas de *sens pour la vie,* pas de *sens pour son avenir.* Au contraire, entendre un témoin (et Marguerite Léna a écrit un livre magnifique avec ce titre à la fois ambigu et ouvert *Le passage du témoin*[11]) qui dit que le plus essentiel est de parler au nom des morts qui ne peuvent plus parler, et l'entendre faire mémoire de l'injustice qui a eu lieu pour que cela n'ait plus jamais lieu, cela peut alors avoir de la signification pour un jeune. Et c'est vers cela qu'il se trouve alors orienté. Rappelons-nous la prise de parole de Mgr Vingt-Trois hier : « Qu'est-ce qui est vivant dans ce qui est pour vous important à transmettre » ? Oser faire des choix, faire le pari de ce qui est vivant pour vous, c'est se donner alors la possibilité de toucher l'autre.

Dans cette perspective, votre question est importante : je parlais de la vulnérabilité de l'enfance, pour dire que nous ne pouvons pas faire défaut, même si nous avons envie de fuir. Dans la situation de crise de l'Éducation nationale qui est la nôtre aujourd'hui, combien de jeunes bien formés qui pourraient être de bons professeurs, sont presque conduits par la raison à aller vers d'autres choix de métiers ! En évoquant la vulnérabilité, je voulais pointer ce qui nous incite à répondre présents quand même ! Il est évident que cela ne peut pas suffire : il faut que nous ayons envie de transmettre quelque chose. Mais je ne crois pas que ce soit vraiment le problème ! Beaucoup d'entre nous ont envie de transmettre. Si nous avons eu envie d'être éducateurs, c'est que, dans les différentes disciplines qui sont les nôtres, nous avons eu des grandes joies et que nous savons bien que ces jeunes qui nous sont confiés, qui nous sont proches, entreront moins facilement dans la vie si nous ne leur transmettons pas quelque chose de cela. Ce qui peut alors nous gêner, c'est notre crainte. Mais il y a quelqu'un qui se trouve devant nous et qui nous dit : « Fais ! Transmets-moi ! » et ce quelqu'un c'est l'enfant. Sauf à supposer qu'il n'y ait plus jamais d'enfant – j'en tremble d'avance ! – il nous faudra répondre.

Et quand Dieu a pensé que le monde devait devenir la respon-sabilité des humains, quand Dieu a pensé que le don allait jusque-là, il a fait de Lui-même, de ce qu'il avait de plus important – son Fils –, un petit enfant à nous confié.

---

11. Éditions Parole et Silence, 2000.

Intervention de Sophie Bazin de Jessey[12]

Vous avez dit vouloir sortir des ornières habituelles qui consistent à lire les difficultés contemporaines comme une crise de la transmission du passé. Je pense en effet que vouloir expliquer un certain désarroi actuel par cette crise conduit à une impasse. Ceci étant, il me semble qu'à un certain moment, autour des années 1960-1970, on a effectivement assisté à un rejet du passé, peut-être parce que celui-ci était trop difficile à assumer : la très sombre première moitié du XXe siècle pesait trop lourd sur les héritiers ; dans la famille et l'éducation des bouleversements majeurs ont eu lieu, très rapidement à l'échelle de l'histoire, et on peut donc parler de rupture. Aujourd'hui, ce rejet est derrière nous, mais il a eu lieu. Nous ne sommes plus actuellement dans cette attitude ; au contraire, nous assistons à un certain mouvement de quête du passé avec l'extension de la notion de patrimoine et du champ de la mémoire. Le problème est que ce patrimoine, nous ne savons pas quoi en faire, nous le conservons, nous le muséifions, mais cette conservation est dépourvue de sens. C'est là que je vous rejoins : la tradition est fossilisée et en réalité nous assistons beaucoup plus à un désarroi devant l'avenir qu'à une crise de la transmission du passé.

Pour parler d'avenir, je voudrais justement me tourner vers le passé et citer un passage célèbre de Machiavel, mentionné par Myriam Revault d'Allonnes dans son ouvrage sur l'autorité, *Le pouvoir des commencements* et que les professeurs d'histoire utilisent avec leurs élèves, dans le chapitre sur la Renaissance, pour introduire la redécouverte de l'Antiquité et l'humanisme. Machiavel raconte qu'il rentre chaque jour de l'auberge où il passe ses après-midi en peu reluisante compagnie. Il arrive chez lui, il se dépouille de ses vieux vêtements, il revêt ses habits de cour royale et pontificale, et il entre dans les cours antiques des hommes de l'Antiquité. Là, il se nourrit de leur culture et il précise qu'il est « né pour cet aliment ». Il les interroge, ils lui répondent, « en vertu de leur humanité ». On est bien là, dans cette sorte de saut temporel auquel se livre Machiavel par la lecture et la réflexion, dans une tradition vivante.

Puis il précise que, durant quatre heures de temps, il ne sent pas le moindre ennui, il oublie tous ses tourments, il cesse de redouter

---

12. Professeur d'histoire en lycée.

la pauvreté, la mort même ne l'effraie pas. Ce qui me semble remarquable dans ce passage, au-delà de sa grande poésie, c'est que Machiavel y mentionne à la fois sa naissance (« ce pourquoi je suis né ») et sa mort, qui si « elle ne l'effraie pas » est cependant présente à son esprit quand il évoque son dialogue avec les Anciens. Le trésor de la tradition l'aide à supporter l'idée de la mort. Est-ce qu'on ne peut pas se demander alors si l'occultation de la mort telle qu'elle existe dans nos sociétés n'empêche pas la transmission ? Est-ce que transmettre, ce n'est pas aussi accepter de confier son trésor, de se dépouiller ? Est-il impossible que nos sociétés vieillissantes et individualistes ne nourrissent pas un certain ressentiment vis-à-vis des générations qui les suivent ? Sommes-nous encore capables de penser, comme Jean-Baptiste devant le Christ, qu'il faut qu'ils grandissent et que nous diminuions ?

Quatre questions, mais qui n'en font qu'une : le lien entre la conscience de notre mortalité et le sens de la transmission.

Réponse de Jean Caron

Je vous rejoins. On peut dire en effet qu'on a franchi une époque : après un discours et des attitudes qui invitaient à se dissocier du passé – mettons que le mouvement soixante-huit symbolise cela –, on est arrivé maintenant à une espèce de culte du passé pour le passé, qui conduit au risque de la fossilisation. Il est vrai que penser qu'un individu puisse exister en se coupant de tout passé est lié à une anthropologie fausse, à une manière incorrecte de penser ce qu'est un homme. Le secours des sciences humaines est ici précieux : un homme ne se construit pas comme cela, dans une espèce d'institution du commencement absolu...

En même temps vous nous dites que, dans le basculement actuel, il pourrait y avoir quelque chose comme une crainte de la mort et comme une espèce de retour presque névrotique à un passé idéalisé... Comme si l'homme contemporain était désormais tenté de se raccrocher à son passé ; et il est exact qu'il n'y a pas de vraie éducation si le mouvement de l'adulte consiste à « se cramponner à... », surtout si ce mouvement est commandé par la peur. Si Hannah Arendt parle de la natalité comme fait humain fondamental, elle parle aussi de la mortalité. L'humain est un être qui sait qu'il va mourir mais qui sait aussi qu'il y a les enfants. Je crois que ce qui est en jeu ici, c'est, davantage encore que la crise liée à la peur de la mort, une crise de la paternité et de la maternité – et il y aurait ici des prolongements psychanalytiques et théologiques à creuser.

Être père, être mère, c'est croire à la vie engendrée de nouveau et engendrée par le nouveau ; s'accepter père ou mère, c'est savoir que quelqu'un de nous restera dans le monde et qu'il s'agit d'accepter sa propre mortalité pour le faire vivre. C'est pourquoi il y a toujours quelque chose de sidérant dans la vie d'une personne, quand elle voit mourir son enfant parce que cela vient contredire brutalement l'ouverture anthropologique vers la vie qui nous constitue. La question s'approfondit alors : pourquoi aurions-nous du mal à nous reconnaître comme pères ou mères pour une génération nouvelle ? N'est-ce pas lié au fait que nous avons du mal à nous reconnaître fils ou filles ? Il faudrait sans doute relire les pages d'Emmanuel Levinas sur la filiation et la paternité… On découvre alors ce qui est en jeu dans la question de la transmission : sans que nous en ayons pleinement conscience, se trouve impliquée dans nos actes éducatifs concrets la manière dont nous assumons ce double rôle qui fait de nous des humains, que nous ayons ou non donné la vie à des êtres de chair : la paternité (ou la maternité) et la filialité.

Le désir de transmettre
Éducation et transmission
entre volontarisme
et sentiment d'impuissance
La transmission en intimité et société :
diffusion et complexité

Conférence de Jacques Arènes

Conférence de Jacques Arènes

Si la question de la transmission est souvent posée aujourd'hui, c'est parce qu'elle ne relève plus de l'évidence... La transmission s'avère difficile dans les périodes troublées où les attentes vis-à-vis de l'avenir sont brouillées, et où le rapport à la tradition est en difficulté. Si l'éducation, et la transmission, sont considérées comme des exigences absolues, nous avons bien du mal à articuler, d'un côté, la nécessité pour le jeune d'être éduqué, et, d'un autre côté, l'idéologie contemporaine de l'individu producteur de soi et créateur de lui-même, et donc « s'auto-éduquant[1] ». Dans les périodes désorientées comme la nôtre, certains peuvent se servir du levier de la transmission pour prendre pouvoir sur les « nouveaux venus dans le monde », selon l'expression d'Hannah Arendt[2].

Depuis de nombreux siècles, l'éducation, et donc la transmission, ont de plus en plus préoccupé le monde occidental, pour devenir une vraie question politique, autant qu'individuelle. La transmission se situe à la croisée du social et de l'intime, de l'individuel et du culturel. Les deux versants, intime et collectif, de la transmission entrent en confluence et parfois en concurrence, et sont secrètement liés dans leur essor même. Mais, les lieux sociaux de la transmission sont aujourd'hui plus divers et plus complexes, les

---

1. M. GAUCHET, *Pour une philosophie politique de l'éducation* (Marie-Claude Blais, Marcel Gauchet, Dominique Ottavi), Paris, Hachette/Littérature, 2003, p. 42.
2. H. ARENDT « La crise de l'éducation », *La crise de la culture*, Paris, Folio/Gallimard, 1972.

pouvoirs médiatique et économique en sont partie prenante, ce qui entraîne le sentiment diffus, de la part de nombreux parents, ou éducateurs, d'être loin d'avoir toutes les cartes en mains face à la diversité des zones d'influence entrant en relation avec leurs enfants. La transmission se dissout donc dans le multiple, avec des conflits et des contradictions à l'intérieur du monde adulte, chacun défendant un type de transmission ou d'autorité. Il en est pour preuve le manque de solidarité entre éducateurs, entre enseignants parfois, certains n'hésitant pas à disqualifier subtilement d'autres devant les enfants[3]. La même question se pose pour les conjoints qui n'ont pas toujours la même conception de la transmission et n'hésitent pas à le faire savoir à leur progéniture. Dans ce paysage imprégné de complexité, et même de rivalité, les parents, les éducateurs, ne se pensent souvent guère légitimes pour transmettre. L'incertitude constitutive de la transmission, qui n'est jamais tout à fait ce que l'on souhaite, devient aujourd'hui abyssale. Au niveau individuel autant que collectif, émergent les mêmes inquiétudes et les mêmes questions. À quel prix doit-on transmettre? Le fait de transmettre n'est-il pas, d'une certaine manière, une violence faite à l'enfant? Ne risque-t-on pas aussi de transmettre le « mauvais » alors que l'on souhaitait léguer des choses « bonnes »?

Anthropologie de la transmission et angoisse du négatif

Cherchons d'abord à analyser l'origine de cette conception pessimiste de la transmission, concomitante, d'une manière apparemment paradoxale, avec un certain volontarisme éducatif. Nous mettrons en rapport cette conception avec les invariants d'une anthropologie de la transmission, en particulier avec la notion d'une dissymétrie et d'une conflictualité inhérentes à l'acte de transmettre.

Depuis Jean-Jacques Rousseau, la culture occidentale mise dans l'éducation sur l'absolue nouveauté que peut apporter l'enfant. La définition de l'humanité de l'homme consisterait en termes de perfectibilité et de liberté. C'est dans l'enfance, dans l'éducation, voire dans la transmission que cette perfectibilité doit être facilitée, dans une dynamique où l'adulte cherche à faire naître l'enfant à lui-même.

---

3. Observatoire de l'éducation, « Les finalités de l'autorité dans l'école au quotidien », *Faire autorité?*, *Esprit*, mars-avril 2005, p. 58-70.

En fait, se heurtent aujourd'hui deux hypothèses anthropologiques concernant l'enfant, les deux étant déjà vivantes au XVIIIᵉ siècle. La première privilégie l'enfant comme *tabula rasa*, cire vierge sur laquelle vient s'inscrire l'éducation. Cette conception peut donner un sentiment de responsabilité infinie aux parents, et les inciter à la peur de la transmission. La seconde conception envisage une certaine naturalité de l'être humain, mais une nature de liberté et de bonheur qu'il faut protéger, afin d'aider le jeune à advenir à lui-même[4]. Cette seconde hypothèse plus « rousseauiste », peut inciter aussi à la non-intervention parentale, car il s'agit de ne pas polluer une nature libre. « Il choisira lui-même », entend-on souvent dire, même dans le domaine de la religion. N'oublions pas, par exemple, que Rousseau permet à *Émile* de choisir une religion.

La psychanalyse elle-même est partagée entre ces deux modèles anthropologiques : pour une grande part, elle sacrifie à la *tabula rasa*, ce qui a évidemment « chargé » le bateau parental, mais l'idée de la recherche du « vrai *self* » de l'enfant, qui serait dès le début une personne, est tout à fait défendue, notamment par l'école anglaise[5]. La « vérité » se situe dans le chemin médian entre les deux conceptions, puisque la singularité de chaque cheminement, et de chaque personnalité s'allient, dès le commencement, avec l'immensité des potentialités qui ont à se déployer. Mais il est intéressant de repérer combien ces deux représentations de l'enfance sont aujourd'hui au service de la même conception pessimiste de l'intervention des parents. Notre époque ne se penche plus sur l'héritage du positif, mais dans l'angoisse du passif. Le vœu de transmettre ce que l'on estime « bon » dans l'héritage des pères est remplacé par le souci d'avoir transmis le « mauvais » sans l'avoir voulu. Nous ne souhaitons plus nous mettre au service d'une transmission globale, avec ses ombres et ses lumières, mais nous avons le souci de trier le bon grain de l'ivraie, de disposer d'une transmission épurée. L'idéal volontariste d'une transmission parfaite empêche alors de se compromettre avec les scories de la réalité de l'acte de transmettre. Le retentissement culturel des théories psychologiques a entraîné une angoisse

---

4. A. Renaut, *La libération des enfants. Contribution philosophique à une histoire de l'enfance*, Paris, Bayard, 2002, p. 237.
5. C. Bollas, *The shadow of the object. Psychoanalysis of the unthought known*, London, Free Association Books, 1987 ; voir aussi *Les forces de la destinée*, Paris, Calmann-Lévy, 1989.

devant la transmission. Nous nous perdons en questions par rapport à ce qui serait « bon » de transmettre, et nous ne croyons pas toujours, non plus, à la nécessité même de la transmission. La « croyance » dans la transmission du « mauvais » est fondée sur l'idée que ce qui n'a pas été réglé ferait nécessairement retour. Tourmentés par le poison des transmissions inconscientes, nous sommes terrorisés par les erreurs possibles des transmissions conscientes. C'est en fait le passé qui fait toujours peur, et notre vision « présentiste » de la vie ne fait concevoir le passé que sous les auspices de la menace, de la toxicité. L'utilisation biaisée de la théorie psychanalytique entraîne l'idée de l'automaticité de la transmission des souffrances et des blessures familiales, d'où le développement de théories transgénérationnelles de la souffrance psychique.

Il est vrai que nous sommes habités par des vecteurs de transmission en partie inconscients, que le « surmoi » des enfants se configure, sans grands discours sur les valeurs, au surmoi parental, non pas dans une évidence en claire lumière, mais à travers un processus en grande partie non maîtrisé. Les géniteurs « transmettent », à leur corps défendant, telle attitude anxieuse devant l'existence, telle difficulté à métaboliser la perte et le deuil, tel modèle de relation avec l'autre. La théorie freudienne de la transmission s'ordonne en fait autour de la défaillance et du manque, de ce qui fait défaut en particulier dans la psyché des parents comme « rêves de désirs irréalisés[6] ». Il ne faut pas nier que certaines recherches psychanalytiques confrontent à une négativité radicale : « c'est à partir de ce qui est non seulement faille et manque que s'organise la transmission, mais à partir de ce qui n'est pas advenu, ce qui est absence d'inscription et de représentation, ou de ce qui, sur le mode de l'encryptage, est en stase sans être inscrit[7]. » Ce qui est « non élaboré », ce qui est tenu à distance à l'état brut sans transformation par une pensée, pousse à la transmission du négatif. Le travail de la pensée, et de la prise de conscience, est ce qui s'oppose à la transmission du négatif, même si la pensée elle-même, et notamment la pensée conceptuelle, est souvent mise en difficulté

---

6. S. Freud, « Pour introduire le narcissisme », *La vie sexuelle*, trad. J. Laplanche, Paris, PUF, 1969 (1914), p. 81-105.

7. R. Kaës, « Le sujet de l'héritage », *in Transmission de la vie psychique entre générations*, Paris, Dunod, 1993, p. 12.

par les souffrances indicibles, et les persécutions de nos histoires particulières et de celles des peuples[8].

Tout être humain est ainsi enserré dans le réseau de la pensée du « nous », cette enveloppe psychique collective avec sa densité et aussi ses déchirures. La sociologue Anne Muxel évoque ainsi les cercles concentriques de la mémoire familiale sur lesquels s'appuie la transmission, avec au plus profond, la mémoire des sens, enfouie, celles de premières sensations et impressions, des couleurs et des odeurs qui baignent la plus tendre enfance[9]. Le cercle le plus conscientisé de la transmission, celui du discours et des valeurs, d'une certaine intériorisation d'un « nous » familial et collectif, d'une histoire partagée d'idéaux communs, se greffe sur les lieux les plus profonds, physiques et émotionnels de la mémoire familiale. La transmission la « plus élevée » prend racine dans cette trame et cette densité de vie des cercles plus internes et plus intimes. Il n'est pas possible de choisir tel aspect de la transmission, en raison de sa complexité, et de la manière par laquelle ses différentes « strates » s'appuient sur l'épaisseur de la vie elle-même. La transmission s'ancre d'abord dans l'odeur du corps des parents pour le tout jeune enfant, dans les heures passées ensemble, et dans le plaisir du quotidien partagé. Elle se déploie aussi dans son niveau le plus élaboré, de la parole et du discours, mais la force et la charge du plus ancien et du plus profond constituent un étayage du niveau le plus complexe.

L'inconscient est, pour partie, groupal. L'essentiel des mécanismes de défenses du sujet, de sa manière de recomposer le réel et d'accueillir le social est issu de dépôts dynamiques de la psyché de ceux qui ont précédé. Mais, la vision destinale de la transmission fait fi du rôle actif du sujet « récepteur » de la transmission. C'est du ressort de la liberté du sujet que de faire quelque chose des transmissions conscientes ou inconscientes dont il est le dépositaire. Ce qui distingue l'homme de l'animal est cette capacité de non-reproduction à l'identique – qui serait de l'ordre de la nature –, cette dynamique d'amélioration d'une génération à l'autre. *L'homme est un animal qui peut faire surgir du nouveau.* Il s'agit, pour tout « nouveau

---

8. C. CHALIER, *Transmettre, de génération en génération,* Paris, Buchet Chastel, 2008, p. 252.
9. A. MUXEL, *Individu et mémoire familiale,* Paris, Nathan, 1996.

venu » dans le monde, de trouver son équilibre entre ce qui est reçu, comme une dette ontologique, et ce qu'il fera sien. À deux reprises, Freud employa l'aphorisme que Goethe mit dans la bouche de Faust: « Ce que tu as hérité de tes Pères, afin de le posséder, gagne-le ». Chaque adolescent ou jeune adulte trace un chemin entre « être à soi-même sa propre fin », et être « le maillon d'une chaîne à laquelle il est assujetti sans la participation de sa volonté[10]. » En notre culture où la reproduction des générations se déploie de moins en moins à l'identique, les jeunes se trouvent dans une obligation de « subjectiver » les transmissions parentales. Le « travail » de tout enfant est d'accepter ou de refuser ce qui est légué. Le récepteur de la transmission est toujours, pour partie, adverse à celui qui transmet. La figure du « meurtre » du père est essentielle à la théorie analytique, car les fils, et les filles, construisent leur espace psychique sur ce meurtre[11]. Le père est ainsi toujours tué et ensuite réhabilité, du moins dans l'inconscient des fils. Cette nécessaire conflictualité de la transmission ne peut se jouer sans une consistance des pères. Un père symboliquement tué est un père qui s'est défendu. Une saine adversité entre générations est le gage de l'avancée des derniers venus dans le monde.

La conflictualité de la transmission est fonctionnelle. Un drame d'incompréhension s'est toujours noué entre les générations, qui rend nécessaire ce conflit au niveau conscient, où l'adolescent se heurtera à l'espace et aux frontières de ses parents, et cherchera à en trouver de nouvelles, mais aussi au niveau inconscient où le désir du fils se déploie, pour une part, en adversité avec celui du père, et de la dyade parentale. Freud évoque ainsi le « besoin » d'autorité de l'enfant[12], mais, en même temps cette autorité menace le narcissisme de l'enfant. Cette conflictualité ne trouvera une réelle issue qu'après la mort des parents. Le « bon » et le « mauvais » seront

---

10. S. FREUD, « Psychologie des masses et analyse du moi », *Œuvres complètes*, t. XVI, trad. J. Altounian et al., Paris, PUF, 2003 (1921), p. 1-97.

11. S. FREUD, « Totem et tabou », *Œuvres complètes*, t. XI, 2005 (1913), p. 189-386. Dans cette œuvre, Freud, souligne l'ambivalence essentielle de la relation avec le père des origines, père de la mythique Horde primitive. « Ils haïssent le père... mais ils l'aimaient et l'admiraient aussi. » (p. 291). L'adversité de la transmission se situe dans cette ambivalence, pour partie inconsciente.

12. S. FREUD, *Un souvenir d'enfance de Léonard de Vinci*, trad. M. Bonaparte, Paris, Gallimard, « Idées », 1977 (1910).

ensuite évalués, dans l'après-coup, par celui qui a reçu. Aucun parent n'est détenteur du sens ultime de ce qu'il transmet. Une posture dépressive face à cet aspect nocturne de la transmission, serait alors de s'effacer de la transmission par peur de perdre le contrôle, et par angoisse de transmettre le « mal ».

La transmission biaisée

Il existe de multiples manières de biaiser la transmission. Pour que le relais soit passé – nous reviendrons sur la métaphore du relais –, il est nécessaire que celui qui le passe accepte de le lâcher, et ne se décrète pas fondateur du sens, alors qu'il n'en est qu'un maillon. Un transmetteur qui surinvestit la transmission, ne laisse pas à celui qui reçoit l'objet de la transmission la possibilité de dire non, ou de l'accueillir à son rythme. Le « trop » de transmission existait du temps de Freud, en une société très hiérarchique où les plus jeunes avaient beaucoup moins le droit à la parole. Il existe encore aujourd'hui, mais d'une manière beaucoup plus subtile. La fin de la société hiérarchique explicite n'implique pas nécessairement la fin des pouvoirs. Dans la famille, dans certains lieux éducatifs, si les pouvoirs ne sont plus conformés à la figure institutionnelle du patriarche, ils s'exacerbent parfois dans les relations fusionnelles – voire d'emprise – entre adultes et enfants.

Une autre manière de fausser la transmission serait, toujours du côté du donneur, de s'y refuser, par peur du mauvais qui peut en sortir. Nous rencontrons aujourd'hui assez souvent ce type de difficulté, rationalisé par le souhait de laisser au jeune la possibilité de choisir. Cette posture-là, dénoncée par Hannah Arendt en son temps, s'appuie sur un point de vue où l'enfant saurait de lui-même ce qui est bon pour lui. Dans cette optique, nous avons abdiqué notre responsabilité de passeurs, d'introducteurs des nouveaux venus au monde commun. « Comme si, chaque jour, les parents disaient : "En ce monde, nous ne sommes pas en sécurité chez nous ; comment s'y mouvoir, que savoir, quel bagage acquérir sont pour nous autant de mystères. Vous devez essayer de faire de votre mieux pour vous en tirer ; de toute façon vous n'avez pas de comptes à nous demander. Nous sommes innocents, nous nous lavons les mains[13]." »

13. H. ARENDT, « La crise de l'éducation », p. 245.

Toute une anthropologie est alors remise en cause. La transmission humaine s'ordonne à la néoténie du petit humain, notion selon laquelle l'être humain est le seul animal présentant, à la naissance, une telle immaturité. Le jeune humain a donc « besoin » d'un certain temps de protection par lequel, dans la douce obscurité de l'antre familial, il « pousse » un peu à distance du social. Le parent a la charge à la fois du développement de l'enfant et de la continuité du monde. Il se doit de tenir les deux. Car l'intérêt de l'enfant va parfois en partie contre celui du monde. « L'enfant a besoin d'être tout particulièrement protégé et soigné pour éviter que le monde puisse le détruire. Mais ce monde aussi a besoin d'une protection qui l'empêche d'être dévasté et détruit par la vague des nouveaux venus qui déferle sur lui à chaque nouvelle génération[14]. » Le parti pris actuel est, dans une certaine mesure, de surexposer le jeune au social, et, dans le même mouvement de laisser le monde exposé au déferlement de la jeune génération, donnant assez tôt à celle-ci des attributs de choix et de solidité psychique qu'elle n'a pas toujours. Cette surexposition est paradoxale, puisque le jeune se trouve plus longtemps qu'avant dépendant financièrement des parents. Ce souhait, en apparence louable, de voir le jeune se construire dans une forme de naturalité, et dans l'interaction avec ses pairs, laisse souvent au clinicien que je suis, un goût d'abandon. Certains adolescents expérimentent ainsi une existence complètement parallèle à celle de leurs géniteurs, dans une grande solitude.

Transmettre, c'est aussi accepter la conflictualité de la transmission. Certains éducateurs cherchent à échapper à cette conflictualité. L'épreuve du « non » est alors fuie. Au lieu de tenir le « non », les parents vont s'enferrer dans « le non si », le « non mais » par pure culpabilité de tenir une position surmoïque interdictrice, devant étayer l'autorité du parent. La dite position n'est plus perçue comme porteuse de vie, et beaucoup ne lui voient qu'un contenu mortifère. Le psychanalyste André Carel utilise, à cet égard, la belle formule « d'offre surmoïque » pour signifier l'idée que l'autorité est un cadeau que le parent fait à l'enfant[15].

---

14. *Ibid.*, p. 239.
15. A. CAREL, « Le processus d'autorité », *Familles aujourd'hui, Revue Française de Psychanalyse*, Paris, PUF, Tom LXVI, 2002, p. 33. Il ne faut pas oublier que l'autorité proscrit, mais qu'elle prescrit aussi, c'est là son accointance avec la transmission.

Ontologie de la transmission

Quel héritage cherchons-nous consciemment à transmettre ? Beaucoup d'entre nous ont ce souhait de transmettre des « valeurs ». À questionner ceux qui nous entourent, nous nous apercevons que, quelles que soient les positions philosophique ou religieuse de la personne, ces « valeurs » qu'elle souhaite transmettre ont le sens d'un bien pour la vie elle-même. Ces valeurs ressortent souvent de cette « vie bonne », comme le pensait la culture de la Grèce antique, une vie que le sujet peut déployer sans honte, dans un respect de l'humanité en lui et chez l'autre : l'attention à l'autre et à soi, le souhait de construire un monde meilleur, l'intérêt pour le collectif, mais aussi une certaine espérance, un « goût de l'avenir ». Il s'agira pour certains de transmettre une foi.

Ce qui donne le goût à ces « valeurs », c'est leur aspect dynamique, car nous sommes pris dans une narration qui vient de plus loin que nous. Notre personne se trouve engagée dans ces paroles dont nous sommes dépositaires, sans toujours le savoir, paroles qui nous constituent et nous traversent. Ces paroles appellent une réponse, qui, à son tour, suscitera, chez ceux qui viennent après, d'autres paroles, qui attendront d'autres réponses. « La figure du fils se situe dans une anthropologie qui ne définit pas d'abord l'humain comme *être de parole*, mais plutôt comme *être de réponse*[16]. » Ainsi nul ne prend la parole en premier, et chacun « répond à » ou « répond de », de manière seconde, la réponse engendrant d'autres mouvements à l'histoire.

Tous ces « biens » recherchés, à travers les paroles léguées, et qui font l'objet d'une adhésion personnelle, parfois profonde, sont-ils transmissibles de l'extérieur ? Le discours sur les valeurs n'a jamais engendré les valeurs elles-mêmes. Les « valeurs », le sens, l'espoir se transmettent dans une pratique partagée, dans un quotidien habité. Dans *le Premier homme*[17], livre autobiographique posthume, Albert Camus évoque le souvenir d'un instituteur, Louis Germain, auquel il dédiera son prix Nobel de littérature, et grâce à qui il put poursuivre des études. L'instituteur distingue l'enfant pauvre ; il le fait travailler bénévolement après les heures de classe, et convainc sa

---

16. J.-D. Causse, *Figures de la filiation*, Paris, éd. du Cerf, 2009, p. 13.
17. A. Camus, *Le premier homme*, Paris, Gallimard, 2000.

famille de présenter le jeune écolier au concours des bourses qui allait lui permettre d'aller au lycée. En s'occupant du jeune Camus, il transmit plus par sa manière d'être que par ses discours. Son attention, sa rigueur, sa tendresse vigilante passèrent dans l'étoffe même de sa vie. Camus narre la manière dont l'enseignant amène l'orphelin de père au concours des bourses : « Le nom de Jacques [le jeune Camus] fut appelé un des premiers. Il tenait alors la main de son maître, il hésita. « Va mon fils », dit M. Bernard [figurant Louis Germain] ». L'instituteur ne « capte » pas l'enfant en remplaçant indûment le père mort. Le concours réussi, l'enseignant laisse le jeune partir. Camus relate une scène d'une rare tendresse : « Il se tenait contre le flanc de son maître, respirant une dernière fois l'odeur d'eau de Cologne, collé contre la tiédeur chaleureuse de ce corps solide, et la grand-mère rayonnait devant les voisines. « Merci, Monsieur Bernard, merci. », disait-elle pendant que M. Bernard caressait la tête de l'enfant. « Tu n'as plus besoin de moi, disait-il, tu auras des maîtres plus savants. Mais tu sais où je suis, viens me voir si tu as besoin que je t'aide[18]. » Aucune ambiguïté dans cette scène très physiquement tendre, mais une présence d'un adulte qui se risque dans la relation, tout en laissant s'éloigner le jeune.

Dans son livre sur les maîtres et les disciples, Steiner souligne combien la vie réelle du maître possède, seule une valeur démonstrative. « Socrate et les saints enseignent en existant[19]. » Selon Kierkegaard, Socrate ne transmet pas un savoir et n'a laissé aucune idée particulière. Il a légué une attitude de vie, une manière de questionner le monde, comme une mémoire de son travail de pensée. Kierkegaard évoque trois figures de maîtres : le Christ, Socrate, et « l'oiseau du ciel ». Le Christ transmet plus par son engagement existentiel que par des grands discours. Mais, plus curieuse est la figure de l'oiseau, qui représente l'ultime de l'insistance du présent. Selon le philosophe danois, le lis des champs et l'oiseau sont eux-mêmes la matière de leur enseignement, dans une simplicité d'une existence qui se jette dans un pur présent. Est-ce à dire que nous avons à être des saints ou des oiseaux ? Sans doute avons-nous en tout cas à accepter que quelque chose de notre être passe dans l'aujourd'hui de la transmission, et que notre engagement vital

18. *Ibid.*, p. 163.
19. G. STEINER, *Maîtres et disciples,* Paris, Gallimard, 2003, p. 14.

est le plus important en ce domaine. Il faut donc consentir à ce plaisir de transmettre...

La transmission est ainsi, d'abord, une manière d'être qui donne goût au futur. Cette idée rentre en concordance avec la notion que les strates les plus anciennes et les plus profondes de la relation avec ceux qui nous ont précédés sont en jeu pour la transmission. Nous transmettons en fait autant de « l'être » que des contenus. C'est en cela que la transmission angoisse, car quelque chose de notre être y passe, d'où une nécessaire prise de recul par rapport à ce que l'on transmet afin d'éviter les phénomènes d'emprise. La pulsion d'emprise, toujours agissante dans la transmission, doit être contrôlée et transformée. Elle est alors transmutée en plaisir de donner un objet que l'on a reçu, et qui vient de plus loin que soi. Celui qui a reçu en dépôt tel regard, telle attitude, tel geste de courage ou de tendresse d'un parent ou d'un éducateur se trouve ainsi entraîné lui-même dans le désir de transmettre. Nous incorporons ainsi ceux qui nous ont précédés dans le processus de transmission. Catherine Chalier rappelle la figure du témoin, dont la vie est signe pour ceux qui le suivent. Le témoin est identifié comme porteur « *pour autrui, pour ces générations*, de ce qui ne lui appartient pas en propre, de ce qui l'habite et le fait vivre, de façon singulière et insubstituable[20]. » Cela suppose évidemment une attitude de réception de la part de celui à qui est destiné la transmission, réception au signe donné par la singularité du témoin, portant néanmoins la trace vivante de l'immémorial.

S'identifier, c'est devenir pour partie semblable à une personne. C'est aussi prendre l'autre en soi, processus courant dans le cas du deuil, mais tout aussi inévitable par rapport à ses parents, alors que ceux-ci vont progressivement s'effacer[21]. Dans ce mouvement d'incorporation, la liberté de chacun est impliquée. « Vivre de paroles transmises, vivre par la lumière qu'elles donnent, n'est jamais un

---

20. C. CHALIER, p. 263.
21. Selon Freud, l'identification est « l'assimilation d'un moi à un autre, étranger, en conséquence de quoi ce premier moi se comporte, à certains égards, de la même façon que l'autre, l'imite et, dans une certaine mesure, le prend en soi. » *in Nouvelles conférences d'introduction à la psychanalyse*, Paris, Gallimard « Connaissance de l'inconscient », trad. R.-M. Zeitlin, 1984 (1932), p. 88-89. La notion d'identification va plus loin que la simple imitation. Elle comporte une notion d'incorporation, dans une modalité quasi originelle de relation à l'autre.

acquis qu'il suffirait de garder jalousement ou de mettre sous le boisseau[22]. » Le fait de recevoir les paroles et les vies transmises suppose de les faire fructifier *maintenant* dans une incorporation active. Mais, ce qui est transmis est plus le désir de transmettre, le vœu de se situer en tant que sujet libre dans la chaîne de la transmission, que les contenus explicites de la transmission. La métaphore du témoin est à cet égard parlante. Le témoin est une personne qui donne signe, mais c'est aussi un objet que l'on transmet. Dans les courses de relais, le compétiteur transmet un témoin qui doit être porté par un autre. La transmission en elle-même y est essentielle. « Le fond même de la transmission dans l'humanité, marquée selon les cultures les plus diversement stylisées, c'est l'acte de transmettre [...], une transmission ne se fonde pas sur un contenu, mais sur l'acte de transmettre[23]. » Le témoin-objet que l'on se passe n'est qu'un objet vide, l'essentiel étant de le porter jusqu'à l'arrivée. Dans la course de relais, le donneur de témoin doit continuer sa course tout en veillant à ce que le récepteur, sans se retourner, ait bien tendu la main à l'endroit exact où il va le lui donner. Le récepteur doit commencer sa course bien avant que le coureur précédent soit arrivé, pour ne pas rompre la vitesse acquise, et accompagner de son corps le geste de la transmission du témoin. Cette image sportive livre l'essentiel de la transmission. Il s'agit avant tout d'aimer transmettre et de se placer dans une certaine conception créative du temps, ouvrant l'avenir. À travers cet intérêt contemporain pour la transmission, nous pressentons que la transmission elle-même est humanisante, même si elle détient des failles et des souffrances. Le fait de désirer transmettre est alors aussi capital que la transmission elle-même. Le désir de transmettre que nous sommes amenés aussi à transmettre, contient en lui-même une conviction implicite du fait que le monde a un sens. Par cette conviction, les plus anciens cherchent à introduire ceux qui arrivent dans le monde dans cette sphère du sens, sans pour autant en clôturer le jaillissement de signification.

---

22. C. CHALIER, p. 264.
23. P. LEGENDRE, *L'inestimable objet de la transmission*, Paris, Fayard, 1985, p. 50.

Il faut y croire !

La question de la transmission est indissociable, au niveau collectif, d'une théorie de la culture et de la manière dont une culture tend à vouloir se reproduire. Il existe des définitions plutôt pessimistes et défensives de la culture. Selon René Girard, la culture serait ainsi ce qui se met en place originairement pour lutter contre la violence indifférenciée. Pour Freud, la culture désigne « la somme totale des réalisations et dispositifs par lesquels notre vie s'éloigne de celle de nos ancêtres animaux et qui servent à deux fins : la protection de l'homme contre la nature et la réglementation des relations des hommes entre eux[24]. » La culture se déploie, dans ce cas-là, dans le registre de la contrainte, en particulier celle de « régler les relations entre les hommes ». L'individu freudien est un ennemi potentiel de la culture, notamment par ses tendances destructrices, antisociales. Il faut dire que l'élaboration principale de l'œuvre du maître viennois se fit entre les deux grandes guerres du vingtième siècle. Ce serait ainsi une illusion, selon Freud, de penser que des progrès culturels permettraient par une éducation adéquate de sortir de cette position d'ennemi.

Aujourd'hui, quelle image avons-nous de la culture ? Sûrement pas celle d'une entité devant intégrer, au besoin par la force, le sujet dans un processus social. Cette image est plus floue : elle se veut pourtant intégratrice, et comme résultante, si possible harmonieuse, des intérêts et des désirs individuels. Cette conception, si elle laisse de la place à la liberté de chacun, se montre assez naïve quant à la nécessaire conflictualité du travail de culture, les intérêts individuels étant parfois incompatibles avec l'intérêt collectif. Plus profondément, nous doutons de plus en plus de la nécessité de « l'autore-production » de la culture, moteur de la transmission, en insistant sur son obligation d'accueil du nouveau. La liberté, la singularité sont soulignés au détriment de l'héritage. Certains jeunes, et moins jeunes, utilisent un discours victimaire par lequel leurs parents, les institutions, ceux qui sont garants de la pérennité de monde commun se trouvent accusés[25]. Cette rhétorique de l'accusation

24. S. FREUD, *Le Malaise dans la culture, Œuvres complètes*, XVIII, 1994 (1930), p. 276.
25. J. ARÈNES, « Tous victimes », *Études,* Juillet-Août 2005, n° 403/1-2, p. 43-52.

s'appuie sur l'angoisse, partagée par tous, du « mauvais » de la transmission. « Mes parents ne m'ont transmis que du mauvais. » En tant que psychanalyste, il m'arrive souvent de couper court à cette rhétorique : certes le discours de la plainte est un temps de la vie, mais il n'est qu'un temps, et le sentiment de ne pas avoir été compris, aimé, reçu par ses parents est partagé par presque tous. Il s'agit de savoir ce que chacun va faire de ces géniteurs si imparfaits !

Il faut à la fois défendre une certaine « dose » d'héritage, et comprendre que l'on ne peut pas donner une issue à l'adversité de la transmission en prônant la suprématie du nouveau, dans le registre d'une accusation des parents ou des éducateurs qui ont failli. L'adversité de la transmission n'est pas à « résoudre ». Elle est nécessaire, et se développe d'une manière paradoxale, où l'attachement côtoie l'agressivité et la violence. Aucun adolescent n'ira ainsi répéter face à ses parents ce qu'il affirme dans son journal intime. Aujourd'hui, cette haine des ascendants, et de la transmission, est considérée comme concrète, « réelle », liée à une faute qu'il s'agit de liquider. Elle se nourrit de l'idée qu'il pourrait exister une transmission parfaite, alors que celle-ci a toujours été ambivalente et assujettie au registre symbolique. Nous pouvons cependant repérer une très réelle souffrance de certains jeunes, qui correspond au sentiment de solitude intense dans laquelle sont plongés les nouveaux venus dans le monde. Cette souffrance se configure à l'absence des générations en position d'introduire au monde, et se mue en une recherche, parfois violente, d'un ascendant consistant.

Les parents ne sont pas plus faillibles qu'avant. Ils sont certainement beaucoup moins soutenus par la culture. Notre culture se perd dans le doute : elle n'imagine pas de futur et se limite à organiser la transmission des savoir-faire, plus que des savoir-être. La transmission suppose un régime minimum de croyance. L'absence du croire est préjudiciable, car elle se heurte au vide. D'une certaine manière, le déprimé est hors du croire, et tente de se mouvoir dans le vrai. S'en tenir à l'objectivité du monde serait désespérant. Une réflexion sur la souffrance et les risques, un calcul objectif des tenants et des aboutissants nous interdirait de nous lancer dans l'aventure impossible de la parentalité. Sortir de la vision dépressive du monde se fait par une opération de transformation de la tautologie – le monde est ce qu'il est, et ce n'est pas réjouissant – à la métaphore, qui consiste, par exemple, à imaginer un monde meilleur. Pour se mouvoir dans le monde, pour faire des projets et aimer, il est nécessaire que les choses soient autres que ce qu'elles sont. Elles se doivent de donner signe de parole et de vie. La croyance devient alors une confiance, et constitue le sujet.

Notre culture ne croit plus en sa possibilité de transmettre, et doute de la légitimité des générations précédentes pour s'autoriser un désir de transmission. La transmission est difficile, car elle mobilise le registre de la mémoire non pas sur la modulation du soupçon, mais sur la gamme d'une création à-venir. Transmettre, c'est tenter de mettre des accents anciens sur une partition nouvelle ; il ne s'agit pas alors de « répéter » ou de « s'identifier à » d'une manière mimétique ni d'idolâtrer, mais d'avancer à contre-destin et d'innover en sortant de l'enfermement en soi. Cela suppose que nous retrouvions une définition positive de la culture, comme enveloppe productrice de sens, précédant, dans une forme de bienveillance, chacun d'entre nous, et introductrice du jeune au monde. Les parents, les éducateurs ne sont pas les seuls garants de ce qui arrive aux plus jeunes. Ils se voient précédés par ce qui vient de plus loin qu'eux, et dont ils contribuent à tisser l'enveloppe génératrice. Ils doivent « y croire ». Pour le meilleur et pour le pire, sans pouvoir les dissocier.

Parole créatrice

Conférence du père Alexis Leproux

Conférence du père Alexis Leproux

Il n'est pas déraisonnable d'accorder dans ce colloque une attention, même infime, à ce monde immense de l'Antiquité qui, à
l'ombre de Socrate et dans le rayonnement de Moïse, édifia une civilisation sur l'art de conduire les âmes. Pour Clément d'Alexandrie,
Père de l'Église et héritier fidèle de cet univers sans fermeture, les
termes *paideia* ou *paidagôgia* (éducation) désignent « les biens les
plus beaux et les plus parfaits que nous possédons en cette vie[1] ».
Ces mots rappellent l'enfance ; ils éveillent le souvenir d'une époque
qu'un bref dialogue d'Aristophane qualifie assez bien : « Pourquoi
viens-tu ? – Je veux apprendre à/et parler[2]. » Apprendre à parler,
apprendre et parler, le combat fut rude, nous le savons, entre philosophes et rhéteurs, pour identifier les fondements raisonnables du
savoir et les implications politiques et sociales de la parole. Ravivé
plus tard entre Descartes et La Fontaine[3], stigmatisé aujourd'hui par
un contraste extrême entre l'expression de spécialistes[4] et certaines
grossièretés médiatiques, le combat de la transmission bouscule

---

1. Clément d'Alexandrie, *Le Pédagogue* I, 16,1 (SC 70 ; Paris 1960) ; cf.
PLATON, *Lois* I, 644B.
2. ARISTOPHANE, *Les Nuées* 239.
3. « Avec Descartes, ce n'est plus en poète que l'homme habite cette terre. En
fait, la science cartésienne, c'est aussi le langage même de la poésie, et peut-être
celui des Lettres dans leur ensemble, qui se trouve dessaisi de son aptitude à
dévoiler la vérité [...] malaise « humaniste », si l'on veut, vis-à-vis d'un mode de
scientificité qui rompt les liens entre poésie et vérité », Préface de J.-C. DARMON à
l'édition de poche des *Fables* de La Fontaine.
4. Cf. M. HENRY, *La Barbarie*, Paris, PUF, 1987 ; 2004, p. 201-239.

chaque génération qui doit naître à nouveau pour ne pas « fabriquer ses propres barbares[5] ».

Dans ce monde antique, ordonné par Cyrus et Alexandre, nous écouterons la voix singulière d'un Juif anonyme. Son propos fut jugé digne de figurer au canon des Écritures sous le beau nom de *Livre de la Sagesse* ou *Sagesse de Salomon*. Ce Juif, vivant sous Auguste ou Caligula, probablement originaire de la grande ville d'Alexandrie, se présente sous les traits du jeune roi Salomon. Fidèle aux règles de la « déclamation[6] », il exhorte les rois à devenir sages et, par l'éloge de son propre itinéraire éducatif, les introduit à l'exigence d'une supplique. Pour être sage, il faut un don et ce don ne saurait être reçu sans être demandé. D'où la célèbre prière : *Donne-moi la Sagesse assise auprès de toi* (Sg 9,4). La qualité du discours est telle que l'on hésite à le recevoir de la bouche d'un jeune homme finissant ses études ou de celle d'un vieux maître présentant à ses élèves un modèle du genre. Quoi qu'il en soit des conditions de son excellence, le *Livre de la Sagesse* célèbre l'éducation reçue selon ce que le sage dit de lui-même : *J'appris sans tromperie ; je transmets sans jalousie* (Sg 7,13). Heureux bénéficiaire des *dons de l'éducation* (Sg 7,14-15), il présente son discours : *Soyez éduqués par mon propos et vous y trouverez profit* (Sg 6,25). À nous donc de tirer quelque profit de ses mots, fruit et consécration de l'expérience héritée d'Homère, assumée et transformée par la descendance d'Abraham (Sg 18,22).

« Que penser de ce don de l'élocution par lequel nous nous transmettons les uns aux autres, en enseignant, tous les biens et nous y communions, et par lequel nous établissons des lois et nous administrons la cité[7] ? » C'est à cette question de Xénophon que notre Sage répond. Il le fait en trois temps : une exhortation d'abord (Sg 1-6), un éloge ensuite (Sg 7-8), un mémorial enfin (Sg 9-19). De

---

5. « Nous ne voyons pas que faute de respecter les ressorts fondamentaux de la transmission humaine, nous provoquons les pires catastrophes... une société qui ne sait plus éduquer ses propres enfants et les change en barbares est promise à une mort certaine », J.-M. LUSTIGER, interview du journal *Le Quotidien*, 22 mars 1994, « Jean-Marie Lustiger : notre société fabrique ses propres barbares ».

6. La *meletê* ou « déclamation » est l'exercice oratoire traditionnel dans les écoles de l'époque hellénistique. Cf. D.A. RUSSELL, *Greek declamation*, Cambridge, 1983 ; M. IMBER, « Practised speech : oral and written conventions in Roman declamation », *Speaking Volumes : Orality and Literacy in the Greek and Roman World*, Leiden, J. Watson, 2001, p. 199-212.

7. XÉNOPHON, *Les Mémorables* IV, 3,12.

chacun de ces temps, nous tâcherons de dégager les conditions d'une éducation où le don et l'exercice de la Parole constituent la personne. Nous commencerons par l'exhortation pour recueillir le silence du Juste dans le vain murmure des impies. L'éloquence du sage, comme épiphanie de son Esprit, nous retiendra ensuite dans l'éloge central. La mémoire de l'histoire, déployée en une longue prière, nous permettra enfin de considérer la clémence originelle. Nous voudrions montrer ainsi comment le silence, l'éloquence et la clémence caractérisent une culture de la Parole, où l'Esprit d'éducation reçu des Pères donne de vivre la règle du *Deutéronome*: *tu parleras à tes fils* (*Dt* 6,7). Puissions-nous, par notre parole, contribuer à l'éducation de sages dont *le grand nombre constitue le salut du monde* (*Sg* 6,24).

Le silence du juste (Sg 1-6) ou l'exhortation à l'écoute

À entendre le Sage, la parole est sombre, enveloppée de nuit. Loin de l'innocente clarté qu'on lui attribuerait naïvement, elle est blasphème et mensonge, murmure inutile et marmonnement inaudible. Beaucoup de bruit pour rien ou, ce qui est pire, *une bouche mensongère qui donne la mort à l'âme* (*Sg* 1,11). Avant que la lumière de la Sagesse ne se lève pour un éloge (*Sg* 7-8), avant que le discernement de l'histoire ne s'opère par un mémorial (*Sg* 9-19) et que l'incommunicable soit exalté, le don de la parole est décrit dans son efficacité destructrice: *Opprimons le faible, ne respectons pas le grand âge de l'ancien* (*Sg* 2,10). La parole jetterait-elle les vivants dans la barbarie? *Éprouvons le juste par l'outrage et la torture afin de connaître sa clémence* (*Sg* 2,19). L'Esprit d'éducation (*Sg* 1,6) ne souffle pas dans le monde simple ou innocent d'enfants qu'il suffirait d'initier à l'art de marcher et de parler; il traverse les régions obscures et scandaleuses d'un discours homicide déjà prononcé.

Les choses commencent ainsi, avec gravité, entre mensonge et crime. Le Sage l'avait appris des premiers mots du *Livre des Proverbes*: *Viens avec nous; embusquons-nous pour répandre le sang; tuons l'innocent, tirons au sort et partageons l'héritage* (*Pr* 1,11). Le Prophète Isaïe inspirait ces propos: *Nous avons conclu une alliance avec la mort* [...] *nous avons fait du mensonge notre refuge, et dans la fausseté nous nous sommes cachés* (*Is* 28,15). Les voici très bavards, ces hommes qui font alliance avec l'Hadès et dont le discours sème la mort alentour. Ils considèrent la vie comme un brouillard qui se dissipe et pensent que nul ne revient du shéol. Ils choisissent la force comme loi de la justice et leur parole se fait l'instrument d'un dessein jouisseur et mortifère : *Venez donc et jouissons des biens présents ; utilisons la création avec l'enthousiasme de la jeunesse* (Sg 2,6). De leur *carpe diem* que d'aucuns qualifieraient de dionysiaque, ils reçoivent l'ivresse comme héritage. Liesse des orgies, le programme est clair : si les morts ne reviennent pas de leur séjour, comment traverser le temps sinon en l'usant pour soi ? Si le corps devient cendre (Sg 2,3), pourquoi renoncer à goûter et manger ce qui s'offre d'agréable et d'appétissant aux yeux ? Et pour que toute fausse note soit écartée de cet hymne à la volupté, la faiblesse du pauvre, la tristesse de la veuve, la fragilité du vieillard et la clémence du juste seront écartées à tout prix.

Raffinement d'une civilisation qui s'enivre ou comble d'une barbarie qui s'enlise, le discours des impies se construit sur l'hideuse hypothèse de l'oubli : *Notre nom sera oublié avec le temps, nul ne se souviendra de nos œuvres* (Sg 2,4). Se fier au voile sans lumière de l'oubli (Sg 17,3), considérer définitif le silence du juste mis à mort, taire les faits en supprimant des programmes l'histoire et sa mémoire, tout devient alors atrocement possible. « Va-t'en, tache damnée ; va-t'en, te dis-je. Un, deux. Alors, c'est le moment d'agir. L'enfer est ténébreux. Fi, mon Seigneur, fi, un soldat avoir peur ? Pourquoi aurions-nous peur de qui le saurait, quand nul ne peut demander des comptes à notre pouvoir ? Mais qui aurait cru que le vieil homme avait en lui tant de sang[8] ? ». Tant de sang ! Et oui, le sang versé du juste ou du vieil homme de Shakespeare ne cesse de crier. La tache demeure et l'angoisse grandit. Et déjà, du trouble des craintes surgissent spectres lugubres et mornes visages (Sg 17,4) ; une voix se fait entendre, la voix très éloquente des profondeurs de la conscience oppressée, une voix terrifiante comme des rugissements de bêtes (Sg 17,20), la voix du sang versé que l'on ne peut anéantir, qui trouble la nuit de l'oubli mais qui prépare l'aveu : *À quoi bon notre orgueil ? Que nous ont valu richesse et jactance ?* (Sg 5,8).

Plus qu'un effet rhétorique qui susciterait la crainte pour mobiliser l'attention, les six premiers chapitres du livre développent la condition première de la parole du Sage : il ne parle pas avant que

---

8. W. SHAKESPEARE, *Macbeth*, Acte V, scène 1 (coll. La Pléiade).

Socrate n'ait été réduit au silence, avant que Caïn n'ait tué Abel. Il se révèle ainsi précédé sur la route. Discours mensongers, *vains murmures de peuples* (*Ps* 2,1) ou « ténèbres diluviennes » (*Jn* 1,5), la parole se donne dans la nuit ; le nier serait plus grave que l'ignorer. Poussé par l'Esprit d'éducation, le Sage assume la confrontation et, dans un duel dont il se croit vainqueur, ose faire son éloge.

L'éloquence du Sage (Sg 7-8) ou l'éloge de la Sagesse

Ne devrait-il pas, parce que le risque est redoutable, s'écarter d'une éloquence qui guide l'action coupable et retenir son souffle dans l'intériorité d'une pensée pure[9] ? Ne devrait-il pas se réfugier dans une science solitaire et silencieuse pour obtenir la lumière d'une vérité sans ombre, en échappant à l'ambivalence du mot ou du signe ? Le désir d'une science dégagée des pièges du sublime n'était pas absent de la rivalité qui contraignait Platon à dialoguer avec Isocrate[10]. Pourquoi en effet ne pas prolonger le silence du juste mis à mort par le silence du sage mis à part ? S'évader, se retirer, quitter l'agora corrompue des discours impies pour se consacrer à l'étude, la science et la contemplation : se taire devant les babillages insignifiants des mortels, fuir les murmures sophistiqués des puissants. Si le juste *a été enlevé pour que le mal n'altère pas son intelligence et que la tromperie ne séduise son âme* (*Sg* 4,11), pourquoi le Sage ne le serait-il pas aussi ? Parce que le Sage sait que le juste ne se tait que pour un temps et qu'entre-temps, sa parole se doit de l'annoncer dans la grande assemblée. Le départ du juste s'ouvre sur un retour et sa mise à mort appelle un don de vie. C'est donc bien parce que le juste est mort et silencieux, que le Sage est éloquent et vivant. Le silence du juste est un héritage, l'éloquence du Sage le moyen de sa transmission. L'école de la parole dans la vie du Sage ne saurait être dès lors la petite affaire du hâbleur qu'Aristophane s'amusait à ridiculiser ; elle est, dès le point de départ, une grande affaire, la grande

---

9. Isocrate, *Nicoclès* 7-9.
10. « J'insiste, car la chose importe : en définitive, Isocrate l'a, aux yeux de la postérité, emporté sur Platon [...] Homère est resté l'éducateur de la Grèce, les philosophes n'ont pas réussi à le chasser de la République », H.-I. Marrou, *Histoire de l'éducation*, I, p. 332 ; T. Finan, « Hellenistic Humanism in the Book of Wisdom », *ITQ* 27,1,1960, p. 45-48 ; R. Cribiore, « The Grammarian's Choice : The popularity of Euripides'*Phoenissae* in Hellenistic and Roman Education », *Education in Greek and Roman Antiquity*, Leiden-Boston-Köln, Y.L. Too, 2001, p. 258.

affaire de la justice à rendre. Il se peut qu'à cet égard nous devions regretter la réforme engagée par l'historien de la littérature Gustave Lanson[11], au début du XXᵉ siècle, qui substitua à l'enseignement classique hérité des Jésuites une histoire de la littérature et fit en sorte que l'orateur et l'éloquence s'éclipsent à la faveur du critique et de l'écrit. Une réhabilitation, certes relative mais bien réelle, de la rhétorique par Fumaroli[12] à la fin de ce même siècle nous aide à retrouver ce qui, dans le livre de la *Sagesse*, ne relève pas d'un simple effet de manche, mais traduit et transmet la force créatrice d'une société, son lien vital et vivifiant, sa capacité de recevoir et de transmettre.

Cette force ou cette puissance, le Sage l'appelle « l'Esprit d'éducation » (*Sg* 1,6) ou encore *l'Esprit de Sagesse* (*Sg* 7,7). C'est cet esprit qu'il a supplié d'obtenir dans sa jeunesse ; c'est par ce souffle qu'il prend la parole parmi les foules ; c'est encore par cet esprit qu'il s'éprouve plus fort que la mort (*Sg* 8,21). Le don de l'Esprit est en effet pour lui le lien substantiel de son savoir, le foyer de ses décisions, le principe structurant de sa personne. Ce don accorde de comprendre et de parler ; il maintient l'unité du monde et distingue les espèces qui l'habitent. Il fuit la fourberie et sévit quand survient l'injustice (*Sg* 1,6). Il faut, il est vrai, ne rien ignorer, ni du cycle des temps ni de la nature des vivants ni de la variété des plantes ni de la vertu des racines (*Sg* 7,18-20). Mais l'*universitas studiorum*, soit l'ensemble des études, n'est lumineuse et transmissible qu'en vertu de l'Esprit qui l'ordonne et la donne. Somptueusement décrit par une série d'une vingtaine d'adjectifs, l'Esprit apparaît plutôt comme celui du maître éloquent que celui du grand architecte : il est *intelligent*,

---

11. « Notre enseignement classique est plus mauvais que bon [...] Ce système, quelques transformations qu'il ait reçues au cours de son existence, nous l'avons hérité des jésuites qui l'avaient reçu des humanistes de la Renaissance. Il consiste essentiellement à traiter les anciens comme si le dépôt des idées générales de l'humanité était chez eux seuls, comme s'il n'y avait pour former des idées générales que les procédés employés par eux », G. LANSON, « L'histoire littéraire et la sociologie », *Essais de méthode, de critique et d'histoire littéraire*, Paris, H. Peyre, 1904, ²1965, p. 57.

12. La Société internationale pour l'histoire de la rhétorique a été fondée à Zurich en 1977, avec pour mission de « promouvoir l'étude de la théorie et de la pratique de la rhétorique, à toutes les époques et dans toutes les langues, et des rapports de la rhétorique avec la poétique, la théorie et la critique littéraires, la philosophie, la politique, la religion, le droit et les autres secteurs de la culture », L. PERNOT, M. FUMAROLI, *Actualité de la rhétorique*, 7.

saint, unique, multiple, subtil, sensible, éloquent, net, clair, inoffensif, bon, franc, accessible, bienfaisant, bienveillant, crédible, fiable, paisible, tout puissant, en tout perspicace, pénétrant tous les esprits intelligents, les purs et les plus subtils (*Sg* 7,22). Une analyse minutieuse de chacun de ces termes montre comment cet Esprit est un souffle oratoire capable de façonner des prophètes et des amis de Dieu[13]. Fidèle à la tradition reçue d'Isocrate, notre auteur sait que « c'est en parlant comme il faut que nous donnons le signe le plus grand d'une heureuse manière de penser[14] ». Il ne s'opposerait pas à cet énoncé de Quintilien : « Sans de hauts dons d'éloquence, les législateurs n'auraient pas conduit l'humanité à se soumettre au droit[15] ». Héritier d'un univers éducatif empreint de respect pour cette puissance humaine – pour ne pas dire divine – qu'est l'éloquence, notre sage sait qu'un bel événement de Parole transmet, le créant en quelque sorte, le bon trésor de la Sagesse.

Passant ainsi d'une Sagesse aux traits plus cosmiques dans le *Livre des Proverbes* au visage d'une éducatrice bienveillante dans notre livre, la parole créatrice entre à l'école des rhéteurs. On ne trouve d'ailleurs plus, au principe de la Sagesse, la traditionnelle crainte de Dieu, mais le désir de l'éducation (*Sg* 6,17-19), d'une éducation bien sûr à la parole. La figure d'une maîtresse de maison comme dans la finale des Proverbes s'éclipse et les traits d'une conseillère s'affermissent (*Sg* 8,9). À distance des besoins vitaux de la naissance et des conditions nécessaires de la mort, le Sage choisit donc l'école et la cité comme lieux d'apprentissage de la parole créatrice. En ces lieux de croissance personnelle et d'unité sociale, l'événement ne saurait se tenir sans les mots d'un discours offert en partage pour la joie des convives. La parole et sa grâce suscitent l'amitié ; elles scellent la communion. Sans oublier l'harmonie d'éléments qu'il n'est jamais superflu de contempler, le Sage insiste plutôt sur l'harmonieuse expression qu'il paraît nécessaire de goûter. C'est en effet, habillée de sublime par l'Esprit, que la Sagesse du Sage devient accessible. Nous voici, comme Saint Augustin, « frappé d'admiration et de stupeur » par cette éloquence avec

---

13. A. LEPROUX, *Un discours de Sagesse. Étude exégétique de Sg 7-8*, Roma, AnBib 167, 2007, p. 201-210.
14. ISOCRATE, *Nicoclès* (III) 7.
15. QUINTILIEN, *Institution oratoire* II, 16,9.

laquelle la Sagesse se transmet : « On croirait voir la Sagesse sortir de sa demeure, c'est-à-dire du cœur du sage, et l'éloquence la suivre, en servante inséparable, même sans y être invité[16] ». Et Pierre Teilhard de Chardin, avec l'éloquence qui fut la sienne, énonçait ainsi pour l'éducateur chrétien ce qu'il considérait comme le point de départ de sa parole :

> Avoir vécu et compris, pour le faire vivre et comprendre, que tout enrichissement humain, quel qu'il soit, n'est que poussière, à moins qu'il ne devienne la plus précieuse, la plus incorruptible des choses en s'agrégeant à un centre d'amour immortel : tel est la science suprême et telle est la leçon dernière de l'éducateur chrétien[17].

L'éloquence du Sage est épiphanie de ce centre d'amour immortel, manifestation de l'esprit qui l'habite, communication du trésor qu'il reçut de Celle qui le façonna, héritage qu'il transmet par son verbe qui devient le fondement d'une communauté de personnes où la justice est accordée par l'expression d'un *souvenir éternel* offert *à la postérité* (*Sg* 8,13).

La clémence du Créateur (Sg 9-19) ou la célébration de l'histoire

Troisième et dernière étape du livre, les dix derniers chapitres offrent en une longue prière le corps principal du discours, la mémoire de l'histoire. Si d'aucuns trouvaient ces pages « vieillies[18] », nous les recevons rajeunies. Car si le Sage sait qu'il n'a pu être ce qu'il est que par l'accueil d'un don qu'il lui fallut demander, il est bien naturel que son discours se transmue en une confession tournée vers celui qui en est la source. La prière le révèle ainsi, du *donne-moi la sagesse* (*Sg* 9,4) initial jusqu'à la finale : *tu as magnifié ton peuple Seigneur et tu l'as glorifié, tu n'as pas négligé de l'assister en tout temps et en tout lieu* (*Sg* 19,21). Par une somptueuse lecture midrashique de la Torah des Fils d'Israël, le Sage se souvient des jours d'autrefois et transmet la clémence du créateur qui « éduque », comme il gouverne le monde (*Sg* 15,1), *par sa miséricorde* (*Sg* 11,9).

---

16. S. Augustin, *De doctrina Christiana* IV, 7,10.
17. P. Teilhard de Chardin, *L'avenir de l'homme*, Paris, Seuil 1959, p. 52.
18. E. Osty, Introduction au livre de la Sagesse de la Bible de Jérusalem, édition de 1956.

Le Dieu des Pères, par la sagesse, *tira le premier homme de sa propre faute* (*Sg* 10,1) ; ouvrant un chemin dans la mer (*Sg* 14,3), il fit advenir, contre toute idolâtrie corruptrice de la vie, la justice par le bois (*Sg* 14,7) ; il consentit enfin à ce que l'encens et la parole du serviteur arrêtassent la colère (*Sg* 18,22). La mémoire du salut accordé et célébré comme tel s'érigea pour le Sage en école de la parole.

Que la clémence du Créateur soit un principe éducatif plus originel que le silence du juste ou l'éloquence du sage ne nous surprendra que si nous oublions le prodigue que nous sommes : « là où je suis maintenant, je ne suis plus nulle part : je suis sans racine, sans patrie. » En effet, « le monde est perdu et ne nourrit plus son homme. Voici l'homme et sa pénurie : "il commença à manquer". Sa suffisance ne lui suffit plus. [...] "personne ne lui donnait"... C'est l'homme ou le monde de l'angoisse[19] ». Parce que l'homme est jeté vers la mort, parce qu'il est traversé par l'angoisse et la culpabilité de la finitude, il ne peut être conduit et éduqué qu'à l'aune d'une bienveillante miséricorde. D'où la formulation audacieuse du sage qui résume toute la loi : *tu fais miséricorde à tout parce que tu peux tout* (*Sg* 11,23). La toute-puissance du Créateur est reçue au rythme d'un pardon accordé d'avance, révélant ainsi un ordre éducatif originel, celui du premier modelé (*Sg* 10,1), un modèle éducatif original, celui du peuple issu de Jacob. En un mot, il leur fut fait miséricorde dès le commencement. Tendu tragiquement vers un terme qu'il devrait continûment viser, l'homme n'éprouverait dans l'histoire qu'une puissance inexorable qui punit (*Sg* 11,10). Guidé au principe par la parole qui sauve (*Sg* 9,18), il avance en fils qui se tourne vers son père (*Sg* 11,10). L'homme peut-il seulement apprendre à marcher et à parler sans être entouré de cette parole de clémence plus originelle que la souffrance éprouvée au contact du monde ? Cicéron, très amant de l'art oratoire, souhaitait que « le Sage ne pardonne jamais aucun manquement car, dit-il, seul le fou et l'insensé peuvent être miséricordieux[20] ». Le Sage d'Alexandrie, attentif comme lui à l'éloquence, se souvient cependant que la miséricorde fut au commencement du peuple dont elle conduisit aussi la route :

---

19. A. Chapelle, *Les fondements de l'éthique. La symbolique de l'action*, Bruxelles, IET1988, p. 23.
20. Cicéron, *Pro Murena* 61.

Par de telles œuvres tu enseignais à ton peuple que le juste doit être ami des hommes, et tu as donné la belle espérance à tes fils qu'après les fautes tu donnes la conversion (Sg 12,19). Éduquer par le pardon et au pardon, telle paraît être la condition originelle d'une éducation juive que l'on pourrait dire « de la belle espérance », dont la visée n'est pas d'accentuer la paralysie de l'âme et du monde, mais de libérer le don et la promesse de la vie.

Par une analyse du phénomène idolâtrique (Sg 13-15), le Sage approfondit sa réflexion, comme s'il fallait, pour mesurer la puissance de la parole, considérer l'égarement du regard. De la beauté des astres à la laideur d'animaux, de la figuration de visages humains à l'invention de divinités absurdes, les hommes, *asservis au malheur et au pouvoir, conférèrent à des pierres ou des morceaux de bois le nom incommunicable* (Sg 14,21). L'attaque est virulente à l'encontre des représentations de l'absolu jugées ridicules et perverses[21]. En réponse aux hommes qui substituent à la dignité de leur verbe la misère de leurs sculptures, le Sage transmet, en le commentant, le grand commandement de l'alliance: *tu ne te feras aucune image sculptée* (Ex 20,4). Le chemin de la mer s'ouvre, qui ne conduit pas vers telle ou telle montagne pour adorer, mais qui donne la parole aux tout-petits: C'est ainsi que « la Sagesse ouvre la bouche des muets et qu'elle rend claire la langue des tout-petits » (Sg 10,21). Héritage incorruptible, l'histoire du salut se dit et s'entend pour qu'à son écoute, comme en sa proclamation, on apprenne à vivre libéré des représentations mensongères de l'incommunicable.

Une dernière étape reste à franchir pour recueillir jusqu'au bout la force créatrice du pardon dans l'œuvre éducatrice. La méditation se poursuit en effet, reprenant la marche des fils d'Israël dans le désert. Deux événements du *Livre des Nombres* sont alors évoqués, celui du serpent d'airain (Nb 21,4-9) et celui de la maison de Coré (Nb 16-17). Nous y découvrons, dans l'un et l'autre cas, les effets dévastateurs d'une double colère qui frappe le peuple que l'on croyait entouré de clémence. D'un côté, mordu par la bouche de

---

21. Le bibliste Maurice Gilbert analyse ainsi l'héritage des prophètes d'Israël chez notre auteur: « L'acte idolâtrique est à la fois la corruption de l'homme dont la réflexion est trop courte, la corruption de la matière à laquelle on demande ce qu'elle ne peut donner et une atteinte à Dieu que l'homme oublie, qu'il assimile à la matière et s'imagine pouvoir mettre à sa disposition », M. GILBERT, « La critique des dieux dans le livre de la Sagesse », *AnBib* 53, Roma 1973, p. 274.

serpents rampant dans la poussière (*Sg* 16,5), de l'autre, exterminé par une parole s'élançant du trône royal élevé dans le ciel (*Sg* 18,15), le peuple est près de disparaître. Ces deux épisodes introduisent alors la clémence, mais sous un angle inattendu. Celle-ci ne procède pas d'une sagesse qui transcende le cours des temps pas plus que d'une réflexion qui sauve de l'ignorance ; elle s'exerce désormais par la parole qu'une double médiation humaine s'empresse de prononcer. Certes, les noms de Moïse et d'Aaron ne figurent pas dans le texte et les faits ne sont pas racontés littéralement. Mais leur intervention apparaît d'autant plus remarquable. Comme remède à la morsure des serpents, il est dit : *Ils ne furent tourmentés que peu de temps, ayant un conseiller de salut pour le rappel du commandement de ta loi* (*Sg* 16,6)[22]. La miséricorde ne vient pas, comme on devait l'attendre, par la vision d'un objet qu'on aurait élevé, mais en la personne d'un conseiller dont la parole est un principe de vie. Relecture audacieuse du serpent d'airain, ceci confirme l'attention que porte notre auteur à l'événement éducatif. Ce n'est pas en regardant un objet religieux mais en écoutant la parole d'un maître que le salut est obtenu. De même, lorsque la Parole divine extermine le peuple et *remplit de mort l'univers* (*Sg* 18,16), c'est encore par une parole que le prêtre se dresse pour stopper l'extermination : *il vainquit l'animosité, non par la vigueur du corps, non par la puissance des armes, mais c'est par la parole qu'il eut raison de celui qui châtiait en rappelant les serments faits aux pères et les alliances* (*Sg* 18,22). Non par la puissance des armes, mais par la parole : ici encore, la médiation du salut n'est pas un bras tendu qui frappe mais une parole d'intercession qui s'élève en mémorial. Dans un cas comme dans l'autre, le Sage n'hésite pas à modifier le récit de la Torah : face à une menace de mort, la réponse se trouve strictement rapportée à l'exercice humain de la parole. Le salut, que ce soit par la voix de Moïse ou par celle d'Aaron, s'obtient par le rappel de la loi et la mémoire de l'Histoire. À l'encontre d'une menace qui enserre l'homme et le jette à demi-mort, la parole du médiateur et du guide est exaltée, elle qui ramène à la vie. Une telle transposition de la parole originelle du salut dans l'exercice du double ministère de Moïse et d'Aaron illustre la perception qu'a notre auteur de sa propre parole. Si la

---

22. A. Leproux, « Moïse, « conseiller de Salut » en *Sg* 16,6? Une question de critique textuelle », *RB* 111.2 (2004) p. 161-192.

multitude des sages est le salut du monde (*Sg* 6), c'est donc moins par le fait qu'ils en savent beaucoup que par le fait qu'ils déploient la puissance salvatrice du verbe. Doit-on s'étonner qu'un tel pouvoir ait été accordé aux hommes? Il convient surtout d'admettre qu'une éducation sans pardon devient inhumaine et qu'une excellence dépouillée de clémence engendre des monstres. Albert Chapelle l'expliquait ainsi : « La gratuité du pardon est la restauration de l'innocence comme principe interne de survie grâce à la liberté spirituelle des personnes[23] ». Éducatrice par excellence, la parole de pardon revêt l'héritier de sa dignité, gratuitement; elle l'habilite à exercer sa charge, gratuitement. Que Cicéron ou Épictète nous accusent de folie ne doit pas nous empêcher de mesurer toute la bienfaisance d'une telle perspective. La parole éducative est pardon, et réciproquement.

★
★ ★

De cette brève lecture du *Livre de la Sagesse,* trois aspects de la parole éducatrice ont retenu notre attention. Elle se dit d'abord dans la nuit qui la précède comme dans les ténèbres qu'elle se risque à traverser : *Éprouvons le juste par l'outrage* (*Sg* 2,19). On ne saurait attendre de situation idéale, terre vierge qu'il suffirait de cultiver pour un jour en cueillir les fruits. Chardons et orties y ont poussé avant que vignes et figuiers y soient plantés. L'oreille innocente n'existe plus. Il apparaît ensuite que la transmission ne peut impunément rester à distance de celui qui l'accomplit. La réflexion sur l'Esprit d'éducation et l'éloquence que cet Esprit suscite dévoile la condition de communicabilité du savoir, de personne à personne par le soin d'une parole. Plus que la bienveillance nécessaire à tout apprentissage, c'est la double exigence de la vérité et de l'amitié qui se trouve honorée dans la composition du discours : *sans tromperie j'ai appris; sans jalousie je transmets* (*Sg* 7,13). L'école de la parole ne peut être une école parmi d'autres : elle est, pourrait-on dire, l'âme de toutes les autres puisqu'en elle s'édifie la communion des personnes dans la vérité. Réduire ou écarter du monde de l'éducation et de la culture l'exercice concret d'une parole commune et

---

23. A. Chapelle, *Les fondements de l'éthique,* p. 204

personnelle conduirait subrepticement à détruire les conditions de la transmission du savoir. Admettre enfin qu'on ne peut vivre cette communion nécessaire à la transmission du savoir qu'à l'unique condition de confesser l'histoire qui nous précède, parce qu'en elle se trouve le chiffre du pardon, tel est notre dernier point. Aussi courte et simplifiée soit-elle, l'histoire du salut qu'est la Torah d'Israël est originelle. Le Sage apprit à marcher et à parler en elle et par elle. Sa mémoire demeure le fondement d'une parole éducative qui sauve avant tout : *tu fais miséricorde à tout parce que tu peux tout* (*Sg* 11,23).

Il ne serait pas inintéressant de poursuivre l'analyse de la fonction éducative de la parole et de l'histoire dans les modèles de formation existants et de considérer comment, à travers programmes, commémorations, célébrations, fêtes nationales et liturgies religieuses, le silence, l'éloquence et la clémence y sont honorés. Ne doit-on pas admettre, à la lumière de la Sagesse de Salomon, que la destinée du peuple juif est à cet égard singulière et exemplaire ? À notre époque comme à celle d'Auguste, qu'un peuple célèbre la création, la sienne comme celle du monde, par la mémoire du pardon, oblige à penser l'activité pédagogique, certes en fonction d'une croissance à vivre et d'un savoir à acquérir, en vertu surtout d'une promesse de vie et d'un salut accordés au principe. L'univers que l'on crée par la parole, nous le savons bien, n'est pas celui des astres ; il est celui des esprits appelés à recevoir l'Esprit en recevant l'Hébreu, l'étranger de passage dans les eaux, hôte divin sans lequel l'histoire humaine sonne faux. La fille du pharaon reçut Salomon pour époux (1 *R* 3,1) ; mais avant cela, elle reçut dans les eaux Moïse pour enfant et dit à sa mère : *Fais marcher cet enfant et nourris-le pour moi* (*Ex* 2,9).

Transmettre pour éduquer

Conférence de Mgr Jean-Louis Bruguès

Conférence de Mgr Jean-Louis Bruguès

J'ai enseigné pendant vingt-cinq ans. À part trois petites années passées en Suisse, le restant de ma vie d'enseignant, c'est-à-dire l'essentiel, s'est déroulé en France. À ce titre, il m'arrivait d'être en contact avec le ministère correspondant. Il portait le nom de Ministère de l'Éducation nationale. Depuis deux ans, je travaille au Saint-Siège comme Secrétaire de la Congrégation pour l'Éducation catholique, en d'autres termes vice-ministre de l'éducation pour toute l'Église. Le ministère italien qui nous fait face s'appelle « Ministero della Pubblica Instruzione ». Voici donc deux ministères qui ont reçu la même mission, former la jeunesse, mais qui portent deux noms différents : instruction, éducation. Si nous élargissions notre regard à l'Europe, nous constaterions que la même diversité – la même hésitation? – se retrouve dans les autres pays qui parlent tantôt d'instruction, tantôt d'éducation.

Les mots ont leur importance. Mal nommer les choses ajoute au malheur du monde, disait le poète. Soyons rigoureux donc. L'instruction vise à transmettre des connaissances et à faire de celui qui les acquiert une personne compétente. Le propos de l'éducation, lui, est plus vaste, plus ambitieux aussi : il s'agit d'aider le jeune à développer ses dons et possibilités, afin d'épanouir ce qu'il y a de plus humain en lui. Passer de la virtualité à la virtuosité, en somme. Le verbe latin *educare* exprime ainsi le souci d'élever et de former ; le verbe tout proche *educere* se traduit par : tirer hors, exhausser. L'éducation cherche donc à tirer le jeune vers le haut et à lui permettre de construire sa personnalité de la manière la plus harmonieuse.

Instruction ou éducation : nous devinons qu'il s'agit bien là d'un choix de société. Donnons un exemple. Supprimer l'enseignement de l'histoire dans les classes de terminale afin d'accorder plus de temps aux matières techniques revient à donner la préférence à l'instruction sur l'éducation. Réduire les cours de culture générale et supprimer demain peut-être la philosophie au lycée au profit de matières de compétence professionnelle plus immédiate revient aussi à donner la préférence à l'instruction. Risquons un diagnostic : l'affaiblissement de la culture générale et celle des matières s'interrogeant sur le sens de la vie au profit de matières à plus haute valence professionnelle représente un défi majeur pour les écoles modernes, soumises à des critères de compétence de plus en plus stricts.

Mon propos se présente comme un plaidoyer en faveur de l'éducation. Nous sommes conscients que la tâche éducative est beaucoup plus complexe que la simple instruction, même si elle l'inclut.

On ne se fait pas tout seul, on ne se construit pas à partir de rien. Contrairement à ce qu'avançait le titre d'une pièce du théâtre français, nul n'est « Fils de personne[1] ». Je nais précédé. Le philosophe français Emmanuel Levinas aurait dit que l'autre me précède toujours et me surplombe : je nais en dette vis-à-vis de lui. Une question centrale pour l'éducation est celle de la transmission : comment profiter de l'expérience de ceux qui sont venus avant moi ? Comment accueillir ce riche patrimoine patiemment élaboré au cours des siècles passés ? Comment s'en servir pour construire son être et donner un sens à sa vie ? Quelle part doit être faite à la mémoire dans l'éducation (vous le voyez, nous ne nous sommes pas éloignés de la question de l'enseignement de l'histoire) ?

Il m'a semblé qu'il y avait du côté de l'Église catholique un propos pouvant servir à d'autres qu'à elle-même. Celle-ci, en effet, a aimé se définir comme une Tradition. Depuis ses origines, persuadée qu'elle avait reçu un trésor qui devait enrichir l'existence de tous, elle a déployé un souci de transmission dont on ne trouve guère d'autres exemples dans l'Histoire. Elle le percevait comme un devoir particulièrement impérieux : transmettre d'une génération à la suivante, sans que rien d'essentiel ne vienne à être égaré ; transmettre

---

1. H. de MONTHERLANT, *Fils de personne* ou *Plus que le sang*, drame représenté pour la première fois à Paris en 1943.

quelque chose qui, en réalité, ne lui appartenait pas en propre, puisqu'elle le considérait comme un dépôt ; transmettre une foi et une manière de vivre, une vision du monde et de l'homme, une culture, certes, peut-être une civilisation.

Le *tradere* chrétien présente ainsi des caractéristiques originales, marquées par une histoire bimillénaire. J'ai voulu en retenir trois : la transmission chrétienne présente un aspect communautaire et même démocratique ; elle affronte aujourd'hui, comme toutes les formes de traditions, une épreuve singulière, celle du brouillage, voire de la rupture de transmission ; enfin, la transmission se trouve au croisement des passions.

La transmission est l'affaire de tous

La transmission patiemment élaborée dans la tradition chrétienne, est démocratique en ce sens qu'elle se trouve confiée à l'ensemble du peuple de Dieu. Si le baptême fait de celui qui le reçoit un prêtre et un prophète, il le rend capable d'enseigner ; il lui fait le devoir de transmettre, et chacun se doit de passer aux plus jeunes le relais reçu des plus anciens. Ainsi s'explique la sollicitude particulière avec laquelle l'Église a toujours entouré les familles. Ce point n'est pas bien compris de nos jours ; il est souvent caricaturé ; il mérite donc d'être expliqué. Contrairement aux apparences peut-être, ce n'est pas d'abord un souci de moralisation qui pousse l'Église à agir de la sorte, n'en déplaise à certains, mais la conviction selon laquelle la famille constituait le lieu le plus naturel, le plus immédiat et le plus évident de la transmission. On ne transmet que ce que l'on aime : on prévoyait donc que, par amour de leurs enfants, les parents allaient les éveiller à ce qu'ils croyaient être le meilleur. Mai 68 a introduit une rupture de la transmission dont il est peu d'exemples dans l'histoire. Certes, les raisons étaient d'abord idéologiques : on se refusait à transmettre des valeurs jugées bourgeoises et conservatrices. On peut aussi se demander si la crise de la transmission que nous connaissons ne recouvre pas un manque d'amour et de confiance. À partir du moment, en effet, où je ne suis plus convaincu de l'excellence de ce que j'ai reçu de mes prédécesseurs, je ne me trouve guère enclin à le faire passer à ceux qui me suivent : à quoi cela leur servira-t-il ? En ce sens, la crise de la transmission marquerait une forme d'exténuation, un signe de fin de parcours.

Cette proposition générale qu'il fallait d'abord s'en remettre aux familles pour transmettre était partagée par tous. Elle se trouve remise en cause de deux manières. Dans une « grande famille » où cohabitaient plusieurs générations, chacun jouait un rôle dans l'éducation des enfants : transmission plus « sentimentale » chez les mères, plus « cérébrale » chez les pères (ou les oncles, dans certaines ethnies africaines), porteurs de la figure de la loi, plus « culturelle » enfin chez les grands-parents dont la mémoire était évidemment plus longue et la disponibilité plus grande. La vénération due aux anciens donnait d'ailleurs à la transmission faite par ces derniers une valeur d'absolu. Or, dans les sociétés modernes, la famille a connu un constant rétrécissement. Déjà dans l'entre-deux guerres, mais surtout depuis la dernière, elle s'était réduite à ce que les sociologues appelaient la « famille-noyau », composée des seuls géniteurs et de leur progéniture. De nos jours, en un nombre de cas allant se multipliant, selon une évolution liée à l'émancipation féminine, l'évanescence de la figure paternelle[2] et le recours aux méthodes de procréation artificielle, elle se ramène à un seul parent, la mère : on parle alors de « famille monocellulaire ». Le rétrécissement sociologique entraîne un rétrécissement culturel dans la mesure où, n'ayant plus guère accès à la diversité des membres de sa famille, l'enfant perd autant d'accès à la mémoire collective. Comment revaloriser le rôle des grands-parents, ou des cousins, qui se plaignent de leur mise à l'écart[3] ? À supposer qu'il soit partagé par beaucoup, ce désir se heurterait toutefois à la déconsidération du passé, comme nous le verrons plus loin. À quoi bon se référer à des époques plus ou moins lointaines si l'Histoire ne contient aucune leçon pour le présent et le futur ?

---

2. Cf. H. ZOLLNER, « Osservazioni psicologiche sulla condizione maschile », *La Civiltà Cattolica*, 3821, 5 settembre 2009.

3. Au cours de mes divers ministères, j'ai souvent rencontré des grands-parents désolés de ne pouvoir rien transmettre à leurs petits-enfants : « On les tient éloignés de nous. Nous ne les voyons presque jamais ! Pourtant, on aurait tellement de choses à leur dire ». J'ai trouvé particulièrement bienvenue l'intervention de Benoît XVI, à l'*Angelus* du 26 juillet 2009. Après avoir rappelé que Joachim et Anne étaient les grands-parents de Jésus, il ajoutait : « Questa ricorrenza fa pensare al tema dell'educazione, che ha un posto importante nella pastorale della Chiesa. In particolare, ci invita a pregare per i nonni, che nelle famiglie sono i depositari e spesso i testimoni dei valori fondamentali della vita. Il compito educativo dei nonni è sempre molto importante, e ancora di più lo diventa quando, per diverse ragioni, i genitori non sono in grado di assicurare un'adeguata presenza accanto ai figli, nell'età della crescita » (*L'Osservatore Romano*, 27-28 Luglio 2009).

La seconde remise en cause a été moins étudiée. Quand j'étais évêque d'Angers, alors que je visitais les écoles du diocèse, j'avais été étonné de la plainte unanime qui émanait des enseignants dans les petites classes : « Les enfants sont devenus violents », répétaient-ils. Pourquoi ? Parce que ces enfants ne se sont jamais heurtés à un « non » dans leur famille, expliquait-on. C'est ici qu'ils le rencontrent pour la première fois ; ils ne peuvent que se rebeller contre lui. La combinaison de deux phénomènes, la vénération envers l'« enfant-roi », d'une part, d'autant plus forte que celui-ci est unique, et la perte d'intérêt pour un savoir-vivre, d'autre part, comme, par exemple, les règles de la politesse et de la civilité, faisaient que se trouvait repoussée à plus tard, à l'école, la rencontre avec la « loi de l'autre » sous la forme d'un interdit. Les parents se donnent le beau rôle : plaire aux enfants ; inutile de les contrarier, estiment-ils, ils auront bien le temps de l'être par la suite. L'école devient ainsi le substitut de la famille : est-ce bien sa mission ? La famille pratique de moins en moins l'apprentissage de l'éveil à l'autre, tournant le dos aux considérations d'un Emmanuel Levinas qui voulait que chacun de nous naquît en dette, surplombé par l'autre, comme nous le disions un peu plus haut. Il resterait à montrer si (et comment) cette violence des premiers ans et l'ignorance des règles du savoir-vivre-ensemble, entretenue par l'idéologie d'une éducation sans contrainte, joue un rôle dans la violence grandissante qui caractérise les sociétés urbaines : cette analyse dépasse le propos de cet après-midi, mais je suis persuadé qu'elle conduirait à des conclusions stimulantes.

Les brouillages de la transmission

Dans la transmission verticale, d'une génération à l'autre, aussi bien que dans la transmission horizontale, d'un contemporain à l'autre, se glisse toujours le risque d'une déperdition. Chaque génération suit des modes ; ses préférences l'exposent à faire un tri dans le dépôt reçu et à négliger de faire parvenir ce qu'elle juge de moindre intérêt. Le danger est alors celui d'un appauvrissement progressif, voire d'une déviation doctrinale. Pour y faire face, l'Église a été dotée d'un Magistère chargé précisément d'apprécier l'orthodoxie de la transmission, c'est-à-dire son inté- gralité : l'essentiel a-t-il été communiqué ? aussi bien que son intégrité :

la communication s'est-elle effectuée dans la fidélité au message des origines?

On a souvent dit que cette notion de Magistère constituait une originalité chrétienne. Ce n'est que partiellement vrai. On observe, en effet, que les sociétés ont sécrété, comme naturellement, de multiples magistères. Depuis toujours, l'autorité politique a cherché à se parer d'une autorité morale. Elle voulait faire croire que ce qu'elle avait décidé était nécessairement juste et, par conséquent, que la conscience individuelle était tenue de s'y plier. Elle confondait délibérément le légal et le légitime, redoutant constamment qu'une Antigone ne se réclamât des lois « murmurées au cœur » (Sophocle), supérieures à celles de la Cité. On a qualifié les sociétés modernes et libérales d'allergiques à toute idée de magistère. Je croirais plutôt qu'elles en favorisent la multiplication, sinon l'inflation.

Les « éthiques procédurales » qui s'imposent de plus en plus dans les régimes démocratiques, se déclarent incompétentes en matière de vérité et de bien moral; mais elles exercent un magistère quand elles font de la décision majoritaire une règle s'imposant à tous. Je l'ai bien observé quand j'avais été nommé membre de « comités d'éthique ». Les media, de leur côté, se comportent comme une sorte de « voix off » : sous l'apparente objectivité des informations et des reportages, à la télévision notamment, cette voix dicte à la conscience, à son insu, ce qu'elle doit penser et croire. L'opinion publique a toujours façonné des modes et des tendances, ces dernières se présentent désormais avec la force de la pensée unique. Sous la forme du « politiquement correct », passé des États-Unis à l'Europe, elle fait régner une terrible loi d'airain sur les esprits à qui elle fait passer des *a priori* idéologiques, des préjugés moraux ou de simples coquetteries de langage pour des règles éthiques: malheur à celui qui ne parle pas comme les autres! Or, il n'existe pas de liberté humaine à l'ombre d'une quelconque dictature. Je trouve significatif que le Patriarcat de Moscou vienne de publier un recueil d'articles du cardinal J. Ratzinger et d'homélies de Benoît XVI, avec une belle préface de l'archevêque de Volokolamsk, Mgr Hilarion Alfeyev. Celui-ci y dénonce, à la suite du théologien allemand, les intimidations du sécularisme qui refuse à toute religion une expression publique[4].

---

4. H. LAFEYEV, « L'Europa e le intimidazioni del secolarismo », *L'Osservatore romano,* 2 dic. 2009.

Un magistère est unique ou il n'est pas. Il n'est donc pas surprenant que ceux mentionnés à l'instant se livrent entre eux une guerre sans merci. Je suis arrivé à la conclusion selon laquelle, si les media occidentaux manifestaient une opposition à peu près constante envers le Magistère de l'Église, ce n'était pas d'abord parce que celui-ci édictait des lois et des normes qui les importunaient ; leur critique visait le principe même d'un magistère religieux dans une société sécularisée.

La pluralité des magistères parasite la transmission. Sous la pression de leur dictat, enseignants et enseignés se trouvent contraints d'opérer des choix nécessairement arbitraires. La querelle traditionnelle des Anciens et des Modernes vient donc de s'éteindre, sur l'effacement (définitif ?) des premiers. C'est ainsi qu'on en est venu à privilégier la mémoire la plus récente au détriment du patrimoine des siècles et des millénaires passés, à laisser croire que la modernité devait se percevoir comme un commencement absolu, et que chacun était capable de se donner à lui-même les normes et les règles dont il avait besoin pour construire sa vie. Les modèles seraient désuets, et dépassés les maîtres. Que devient alors l'école ?

Les passions de l'école

Depuis longtemps, depuis ses origines peut-être, l'Église a apporté un soin particulier à la formation des jeunes. Elle a voué à cette tâche les meilleurs des siens ; elle en a fait monter un nombre impressionnant sur ses autels. Qu'il suffise de mentionner ici les noms plus connus de Jean Eudes et de Jean Bosco, d'Angèle de Merici, de Pierre Canisius ou de Jean-Baptiste de La Salle… L'école moderne, c'est elle qui l'a créée. La pédagogie moderne, c'est elle qui l'a inventée : que l'on songe, par exemple, au génie des premières générations de Jésuites qui surent doubler dans leurs collèges la transmission intellectuelle du savoir par une mise en scène baroque où les élèves, à un âge où l'on se trouve plutôt embarrassé de son corps, étaient invités à monter sur scène et à jouer, avant de les ressentir eux-mêmes, les grands sentiments qui mènent le monde. En agissant de la sorte, l'Église ne satisfait pas un simple besoin de survie. Elle ne se préoccupe pas d'abord de son propre avenir ou de celui de l'humanité. Elle témoigne de cette vérité essentielle sur laquelle repose toute éducation : les jeunes sont nos maîtres. Nous avons à leur transmettre ce que nous croyons être de meilleur, mais dans le même temps, ils nous délogent de nous-mêmes. Ils nous extirpent des habitacles où nous avons entassé nos certitudes et jusqu'à notre fatigue de vivre. À notre conscience souvent lasse, ils rappellent les motifs d'espérer.

Tout au long de son histoire, l'Église a ainsi témoigné d'une passion éducative exemplaire. J'imagine que celle-ci ne compte pas pour rien dans le choix que des parents font aujourd'hui encore, sans partager nécessairement la foi chrétienne, de l'école catholique. Les sociétés en voie de sécularisation du XIXᵉ siècle ont hérité de quelque chose de cette passion. Elles ont vu dans l'école le lieu privilégié de l'éducation. Il suffit de rappeler le prestige dont jouissait l'instituteur dans le plus petit village de nos pays, au long des deux derniers siècles. Il incarnait le savoir, le progrès et la libération sociale. Les milieux anticléricaux, plus féroces dans ce domaine que dans les autres, l'ont souvent campé face à une figure rétrograde du curé. Le cinéma et la littérature ont largement illustré cette double passion éducative, et leur rivalité.

Or, dans les sociétés européennes du moins, depuis quatre décennies environ (peut-être une autre conséquence de Mai 68 qui provoqua une crise très profonde de toute notion d'autorité), les écoles souffrent maintenant d'un profond discrédit. Le métier d'enseignant est devenu plus difficile, parfois risqué. Le prestige social a déserté le champ de l'éducation. Parents et enfants se sont mis à douter de l'école, multipliant les critiques à son encontre.

De nombreuses causes seraient à invoquer pour expliquer un tel revirement. La passion pour l'école s'est inversée, se transformant en une suspicion généralisée. Pour tenter de comprendre, nous nous contenterons d'évoquer ici trois bouleversements. Le premier a été qualifié de dérive émotionnelle. Dans son ouvrage dont je recommande la lecture, J. Romain rapporte l'anecdote suivante. L'histoire se passe il y a une vingtaine d'années environ, dans un lycée suisse. Des parents avaient envoyé une lettre de protestation très véhémente à la direction de l'établissement, parce qu'un enseignant avait donné des notes médiocres à leur fils en littérature. Il s'agissait, assuraient-ils, d'une injustice manifeste, puisque le jeune élève aimait cette matière. Aux yeux de ces parents bien représentatifs de notre époque, il suffisait donc d'aimer. Il suffisait d'aimer la littérature pour recevoir de bonnes notes, être promu et dispensé d'effort, voire d'intelligence.

Cette anecdote est instructive, car elle manifeste la domination du « bon sentiment ». Celui-ci fixe désormais la ligne de conduite. Notre époque ne manque pas de valeurs morales, contrairement à ce que peuvent avancer certains, mais elle les fonde sur les sentiments, cette force non maîtrisable qui ne connaît pas de limites. Dès lors ces valeurs se trouvent fragilisées, puisque l'émotion dispense de formuler des arguments rationnels. La vague émotionnelle a fini par tout submerger[5]. On a joué l'émotion contre la raison. On a pensé que l'affectif valait l'analytique. Comme l'individu a valeur d'universel, et qu'il existe autant d'émotions que d'individus, on en a déduit que toutes les émotions se valaient et qu'elles étaient donc interchangeables.

Le deuxième bouleversement a trait à la disparition de la culture générale. Jusqu'à la fin des années soixante, la culture classique apparaissait comme le fleuron de l'enseignement. Il s'agissait de familiariser les élèves avec des textes jugés fondateurs de la civilisation occidentale. Ce qu'avaient dit les Anciens n'avait pas seulement valeur pour leur époque : leur message et leur exemple personnel exprimait une sagesse et un art de vivre qui devaient inspirer les générations de toujours[6]. Il y avait là comme une source d'eau vive à laquelle devaient inlassablement revenir ceux qui apprenaient le métier d'homme. Le fil a été maintenant coupé. Le discours des Anciens s'est perdu dans la nuit des temps[7]. Le moderne n'attend aucune leçon pour lui-même des exemples d'antan[8]. Les humanités se sont progressivement effacées des programmes, car c'était un homme nouveau qu'il fallait désormais imaginer[9]. La mémoire s'est

---

5. J. ROMAIN, *La Dérive émotionnelle*, Lausanne, L'Âge d'Homme, 1998.

6. C. LANEVE, « Educare fra tradizione e multiculturalità », *Pedagogia e Vita*, 2008, 5-6 (en particulier : 1.1 *L'imprescindibilità dell'imitare*).

7. *Id.* « Da mezzo secolo a questa parte un declino generale ha pero emarginato (e disdegnato) l'educazione attraverso la conoscenza dei classici, ovvero l'educazione dello spirito, dell'immaginazione, della sensibilità, relegandone lo studio ai soli seminari per specialisti. »

8. « L'età moderna incrina precisamente questa illimitata fiducia nelle tradizione e nelle sue fonti. Per ragioni molteplici di ordine storico, politico, morale-religioso, tecnico-scientifico, la tradizione perde la sua ovvia affidabilità » Z. TRENTI, « Tradizione e linguaggio nel processo di apprendimento », *Insegnare Religione*, LDC, 3 (2005), 4-12.

9. Le déclin de la culture générale dans les établissements scolaires et universitaires a été magistralement interprété par A. BLOOM, *The Closing of the American Mina*, Simon & Schuster, 1987. Pour une approche renouvelée, cf. M. C. NUSSBAUM, *I classici, il multiculturalismo, l'educazione contemporanea*, Carocci Ed., 2006.

vue rabaissée à un statut ancillaire. On n'apprend plus guère « de mémoire », ni les fables, ni les poésies anciennes. L'histoire est devenue une matière à option : ne relatant que les dernières péripéties de l'humanité, elle plonge les « anciens régimes » dans l'obscurité de l'indifférence. La littérature et la philosophie ne mettent plus en contact direct avec des maîtres, parce que toute la place est désormais occupée par les commentaires[10], les analyses structurales et les méta-critiques.

On peut estimer qu'un tel effacement se poursuivra longtemps encore, parce qu'il s'appuie sur des mouvements proprement irrésistibles, la mondialisation et l'uniformisation des cultures qui privilégient la compétence professionnelle au détriment de l'éducation humaniste, de l'instruction donc au détriment de l'éducation, pour utiliser les catégories de notre introduction. Toutefois, l'Histoire nous a fait connaître des revirements proprement inattendus, ce qui me conduit à évoquer un troisième bouleversement dont nous sommes incapables de mesurer aujourd'hui les conséquences. Les mots, assurent certains, ne disparaîtraient pas : ils se contenteraient d'émigrer. Depuis l'avènement de l'ère électronique ceux de mémoire et de transmission, qui se trouvent au cœur de la présente conférence, tendent à recouvrir une tout autre réalité. « Avec l'ordinateur et Internet, la mémoire se compte en octets, la transmission évalue sa vitesse en bauds. Ce qui importe, c'est la taille du disque, le nombre des barrettes, la dimension du câble ou du tuyau. De l'agir, nous sommes passés à la capacité. On clique, on stocke. On clique, on envoie. Aux quatre coins de l'univers… se constituent des stocks de données aussi diverses que variées. Une accumulation formidable de mémoire informatisée, que poursuit dans une course sans fin la densification du réseau de communication » (Jean-François Bouthors).

De quelle mémoire s'agit-il ? Quelle transmission s'opère ainsi ? Quelle volonté préside à ce gigantesque mouvement ? Il se pourrait que reprît corps le vieux rêve de Prométhée : mémoire et transmission laisseraient croire à l'avènement d'un homme qui aurait accès à tous les savoirs et à tous les stocks d'information ; mais pour quoi

---

10. G. STEINER s'est moqué de cette domination du commentaire et du parasite dans son bel ouvrage *Réelles présences. Les arts du sens*, Paris, Gallimard, 1991 (cf. p. 25s.).

faire? Comment discerner dans cette masse inerte de données disponibles? Il se pourrait, en fin de compte, que cette dernière question ouvrît un champ nouveau aux humanités. L'impératif du discernement renvoie, en effet, à ce qui est spécifiquement humain : distinguer ce qui fait croître l'humain en chacun de nous, et renoncer aux connaissances inutiles, voire nuisibles. L'école pourrait alors nous remettre en mémoire les illusions d'un progrès sans fin que l'humanité a payées lourdement au cours du siècle écoulé. Si elle parvenait à nous défaire une nouvelle fois (nous n'osons écrire une fois pour toutes) de ce vieux rêve pernicieux, elle trouverait de nouvelles raisons d'espérer !

★
★ ★

Contrairement à de funestes prévisions, le « temps des profs » a encore de beaux jours devant lui. Je souhaiterais que notre société en fût persuadée : après tout, elle joue son avenir avec cette assurance. C'est en tout cas le message que je voudrais faire passer en conclusion de cet échange. Durant les visites pastorales que j'effectuais quand j'étais évêque d'Angers, je prévoyais de m'entretenir aussi souvent que possible avec les enseignants des écoles placées sous notre responsabilité. J'avais l'habitude de leur dire : « Je viens saluer ceux qui se trouvent aux premières lignes de la mission de l'Église. On se plaint souvent dans les paroisses de ne plus voir de jeunes. Or, par votre médiation, votre compétence et votre dévouement, l'Église se trouve en contact avec près d'un jeune sur deux dans notre département (l'Enseignement catholique regroupait 41 % des élèves du Maine-et-Loire). Cette Église vient donc vous exprimer sa gratitude et ses encouragements. Ne vous laissez pas gagner par le pessimisme ambiant ! Je sais bien que votre métier est devenu particulièrement difficile. Il reste cependant le plus beau métier du monde. C'est grâce à vous, en effet, que la mémoire prépare le futur, que l'humanité naît à elle-même ».

Conclusion

Marguerite Léna

S'il s'agissait de rassembler en une synthèse des contributions aussi riches que celles que nous venons d'entendre je serais devant une tâche impossible : les résumer serait nécessairement les trahir. Mais il s'agit surtout de remercier, et cette tâche-là est heureuse et facile. Myriam Revault d'Allonnes a ouvert notre colloque en disant que l'autorité n'est pas tant une question de compétence ou de pouvoir qu'une question de reconnaissance. Il est bon qu'au terme de ce colloque, ce mot de reconnaissance puisse venir sur mes lèvres comme il monte de vos cœurs à tous.

Merci, non seulement parce que nous avons entendu bien des choses très intéressantes sur la transmission, mais parce que nous en avons fait une véritable expérience, dans la diversité de ses formes : une transmission entre générations, puisque les conférenciers ont mis à notre disposition leur maturité et le poids d'une longue expérience, tandis que leurs jeunes interlocuteurs apportaient leur expérience toute neuve et leur sensibilité aux enjeux d'un avenir dont ils seront les acteurs. Nous avons entendu des voix féminines et des voix masculines ; il y a eu des mots et il y a eu des images ; il y a eu du savoir et il y a eu des témoignages ; il y a eu la force de la foi en l'homme et il y a eu le trésor de la foi en Dieu. Tout cela a su former un alliage sans doute différent pour chacun, mais dont nous partons tous « augmentés », selon la belle étymologie du terme d'autorité que nous a rappelée Myriam Revault d'Allonnes. Quant aux organisateurs du colloque, je crois exprimer l'avis général en disant que nous sommes les premiers surpris de voir l'accroissement, le surcroît, l'excès de l'événement sur sa préparation.

Lorsqu'on a fait un beau voyage, on est content d'en garder et regarder quelques photos. C'est ainsi que je vais simplement évoquer quelques images fortes de notre voyage au pays de la transmission. Au fond, transmettre, c'est d'abord créer une certaine alliance, difficile mais précieuse, entre un *passé* et un *avenir*. Dès la première conférence, il nous a été rappelé que le temps réel n'est pas la coïncidence immédiate entre un émetteur et un récepteur, mais le temps qui noue et tisse ensemble un horizon d'attente et un espace d'expérience. La suite des interventions nous a amenés à mesurer à quel point cet horizon d'attente doit être habité par une promesse pour prendre sens et à quel point cet espace d'expérience a besoin d'être sans cesse revivifié par un pardon. Tous les jeunes ont quelque chose à pardonner à leurs éducateurs et tous les éducateurs ont quelque chose à pardonner, une fois ou l'autre, à leurs élèves ou à leurs enfants. Jacques Arènes nous a permis de mesurer qu'effectivement les blessures qui interviennent inévitablement dans l'espace de la transmission, à la mesure même de son importance anthropologique et de ses enjeux, peuvent devenir des plaies glorieuses : il y faut du temps et de l'attention, il y faut surtout beaucoup d'amour.

Nous avons été invités à devenir des pêcheurs de perles. Catherine Chalier nous a proposé ce vivier de paroles précieuses qui font sens entre générations et permettent de relier le *même* et *l'autre*. Nous savons bien que le *même* réduit au même devient très vite identitaire et que *l'autre*, s'il n'est pas sans cesse accueilli par des mots qui lui donnent valeur et signification, devient étranger et quelquefois hostile, objet de rejet ou de refus. Les récits sont peut-être dans nos sociétés, d'une génération à l'autre mais aussi d'une culture à l'autre, ces fils précieux qui les relient, et en les reliant permettent à chacun de lire et de dire sa propre histoire et l'histoire dont il hérite. Catherine Chalier nous renvoyait finalement au « soi-même » que nous sommes et au « soi-même » de celui auquel nous nous adressons. Elle en appelait à ce « soi-même » dans son exigeante dignité de témoin.

Mgr Vingt-Trois nous a, pour sa part, invités à lier ensemble le *je* et le *nous*, dans un rapport aux héritages qui ne soit pas porté par le seul souci de transmettre mais d'abord par le souci de recevoir, c'est-à-dire de nous faire nous-mêmes accueillants à ces trésors avant de les donner à d'autres et pour pouvoir vraiment le faire. À quoi bon donner si nous ne donnons que l'informe ou le superficiel? Et que donner si nous-mêmes n'avons pas laissé les biens que nous avons reçus prendre racine en nous? C'est sans doute une des grandes merveilles de la foi chrétienne, héritière en cela de la foi juive, que de pouvoir appeler Abraham « notre père » : nous appelons « notre père » quelqu'un qui a vécu il y a quatre mille ans, assumant ainsi dans le *nous* de la première personne du pluriel ce qui pourrait être livré simplement au hasard de l'histoire ; lui offrant l'hospitalité de notre propre identité, et nous « augmentant » de la sienne.

Anne-Marie Pelletier a repris ce *je* et ce *nous*, ce dialogue entre le *je* et le *nous* du lecteur et de l'auditeur de la Bible. En nous bousculant hors de nos discours de déploration ou d'accusation sur la perte de la mémoire biblique, elle nous a amenés au contraire à voir le Livre redevenir une parole vive grâce à l'accès qu'ont retrouvé vers lui tant de chrétiens. Ce renouveau de la lecture croyante et priante prépare d'ailleurs peut-être des renouveaux proprement culturels : si la Bible est devenue, dans les siècles passés, le « Grand Code » de la culture européenne, n'est-ce pas parce qu'il y a eu des Pères de l'Église et des saints pour en célébrer la richesse dans leur intelligence et dans leur existence? pour se reconnaître « sujets convoqués » par la Parole de Dieu?

Convoqués à quoi? Christian Monjou, en nous invitant à regarder simplement une dentellière en train de poser un petit point à côté d'un autre petit point, ou à regarder un trait blanc séparant deux masses de couleur, nous rappelait que c'est dans l'infime qu'il faut chercher et trouver l'immense. Il me semble que ce message est particulièrement précieux pour des éducateurs : nous sommes sans cesse dans l'infime – les correcteurs de copies en savent quelque chose et les parents aussi – mais c'est dans de très ordinaires paroles et dans de très petites décisions que se joue le quotidien de l'éducation et que peut s'ouvrir pour un jeune l'immense de sa propre vocation.

Jean Caron et Jacques Arènes, à travers des points de départ différents, des compétences et des formations différentes, ont creusé l'un et l'autre l'acte de transmission jusqu'au point où s'y nouent ensemble la *vie* et la *mort*. On ne peut en effet aller au fond de la question de la transmission sans se laisser interpeller par ce mystère – mystère d'ombre et de nuit, mystère de lumière aussi – qui fait que la vie va à la vie en passant par la mort, comme le jour va au jour en passant par la nuit. Il s'agit toujours d'un tel passage dans l'acte de transmission ; dans « passage » il y a « pâque » et toute pâque passe d'une manière ou d'une autre par la mort. Vous savez que le verbe transmettre en latin se dit *tradere*, et en grec *paradidonai* : c'est le même verbe qui signifie *transmettre* et *livrer*. L'acte pascal par excellence est une tradition de soi, celle du Christ entrant dans sa Pâque. Sous des formes diverses, l'Église est le témoin de cette tradition qui passe par la Pâque. Beaucoup ont souligné – sans ressentiment ni déploration, mais avec réalisme – à quel point l'acte de transmission est devenu difficile aujourd'hui dans nos sociétés. Aussi cette attestation pascale et eucharistique du mystère de la transmission est-elle la chose la plus précieuse que nous ayons à dire au monde. Il était bon, à cet égard, que notre colloque s'achève en ouvrant avec Alexis Leproux le vaste horizon de la sagesse biblique, et en donnant la parole à Mgr Bruguès, en témoin de la permanente fidélité de l'Église à sa mission éducative.

Finalement, que transmettre ? Rappelons-nous ce tableau que Christian Monjou nous a fait contempler où l'on voit simplement passer, à travers une fenêtre, la lumière. Peut-être n'avons-nous rien d'autre à dire, rien d'autre à faire que de laisser une fenêtre ouverte pour que la lumière puisse entrer en nous et passer vers autrui. Edith Stein, sainte Thérèse-Bénédicte de la Croix, disait que le traducteur doit être comme une vitre qui laisse passer toute la lumière. Traduire et transmettre, c'est tout un ; et c'est ce que je nous souhaite à tous.

Biographies des intervenants

Jacques Arènes, psychanalyste, praticien, enseignant au Centre Sèvres ; membre du comité de rédaction de la revue *Études* ; co-directeur du département de recherche « sociétés humaines et responsabilité éducative » au Collège des Bernardins. Thèmes de recherche : psychologie de la famille, psychologie et spiritualité, psychologie religieuse. Il a soutenu le 30 juin 2009 une thèse sur la « Fonction du religieux dans l'élaboration psychique ». Principaux ouvrages : *Accueillir la faiblesse*, 1999 ; *Y a-t-il encore un père à la maison ?* 1999 ; *Dis-moi, un jour je mourirai ?*, 1999 ; *Dépasser sa violence*, 2001 ; *Souci de soi, oubli de soi*, 2002 ; *La parole et le secret. Psychologie et spiritualité*, 2003 ; *Au secours, mes parents divorcent*, 2003 ; avec Nathalie Sarthou-Lajus, *La défaite de la volonté. Formes contemporaines du destin*, 2005 ; avec Pierre Gibert, *Le psychanalyste et le bibliste*, 2007.

Mgr Jean-Louis Bruguès est dominicain. Il a enseigné à l'Institut catholique de Toulouse et à l'université de Fribourg et a été membre de la Commission théologique internationale à Rome. Après avoir été prieur de la province de Toulouse (1993-1997) et avoir assuré les conférences de Carême à Notre-Dame (1995, 1996, 1997), il a été nommé évêque d'Angers, puis, depuis 2007, secré-taire de la Congrégation pontificale pour l'Éducation catholique. Spécialiste de théologie morale fondamentale, il a publié : *La fécon-dation artificielle au crible de l'éthique chrétienne*, 1989 ; *Dictionnaire de morale catholique*, 1991 ; *Précis de théologie morale générale*, 3 volumes :

1994 à 2003; les conférences de carême en trois volumes : *L'éternité si proche*, 1995; *Les idées heureuses*, 1996; *Des combats de lumière*, 1997.

Jean Caron, normalien, agrégé de philosophie, enseigne la philosophie en classes préparatoires au Centre Madeleine Daniélou à Rueil-Malmaison. Conférencier, il s'intéresse particulièrement aux questions de philosophie éthique.

Catherine Chalier, professeur de philosophie à l'université de Paris Ouest (Nanterre), est spécialiste de philosophie morale et politique, de philosophie contemporaine, de philosophie hébraïque et de la pensée juive en général. Principales publications : *Figures du féminin, lecture d'Emmanuel Levinas*, 1982; *Les matriarches. Sarah, Rébecca, Rachel et Léa*, 1988; *Emmanuel Levinas, l'utopie de l'humain*, 1995; *Pour une morale au-delà du savoir. Kant et Levinas*, 1998; *La trace de l'infini. Emmanuel Levinas et la Source hébraïque*, 2002; dans la collection *Philosophie et Théologie* du Cerf; *Spinoza, lecteur de Maïmonide*, 2006; *Transmettre de génération en génération*, 2008; *La nuit le jour. Au diapason de la Création*, 2009.

Marguerite Léna est membre de la communauté Saint-François-Xavier, professeur de philosophie à la Faculté Notre-Dame. Agrégée de philosophie, elle a enseigné en classes préparatoires (Hypokhâgne) au lycée Sainte-Marie de Neuilly de 1971 à 2003. Elle a publié notamment : *Le passage du témoin. Éduquer, enseigner, évangéliser*, Parole et Silence, 2000; *L'esprit de l'éducation*, Parole et Silence, 2004.

Alexis Leproux est prêtre du diocèse de Paris, aumônier d'étudiants, professeur d'exégèse à la Faculté Notre-Dame. Sa thèse de doctorat en Écriture Sainte a été soutenue à l'Institut Biblique à Rome. Elle porte sur les chapitres 7 et 8 du livre de la Sagesse. Elle a été publiée en 2007 sous le titre : *Un discours de sagesse. Étude exégétique de Sg 7-8*.

Anne-Marie Pelletier a été professeur de linguistique générale et la littérature comparée à l'Université de Paris X (Nanterre), puis à l'université Marne-la-Vallée, et à l'École pratique des Hautes

Études. Elle enseigne actuellement à l'Institut européen des sciences religieuses et à la Faculté Notre-Dame. Sa thèse portait sur *Les lectures du Cantique des Cantiques, De l'énigme du sens aux figures du lecteur* (1989). Principaux ouvrages : *Lectures bibliques. Aux sources de la culture occidentale*, 2000 ; *Lectures bibliques*, 2001 ; *Le christianisme et les femmes. Vingt siècles d'histoire*, 2001 ; *D'âge en âge les Écritures. La Bible et l'herméneutique contemporaine*, 2004 ; *Le signe de la femme*, 2006 ; *Le livre d'Isaïe. Ou l'histoire au prisme de la prophétie*, 2008.

Myriam Revault d'Allonnes, est professeur des Universités en philosophie, à l'École pratique des hautes études, section sciences religieuses, spécialiste de philosophie morale et politique, de philosophie du droit, et de philosophie moderne et contemporaine. Principaux ouvrages : *D'une mort à l'autre. Précipices de la révolution*, Seuil, 1989 ; *Ce que l'homme fait à l'homme. Essai sur le mal politique*, réédité en 1999 ; *Le dépérissement de la politique. Généalogie d'un lieu commun*, poche, 2002, *Fragile humanité*, 2002 ; *Doit-on moraliser la politique ?* 2002 ; *Le pouvoir des commencements. Essai sur l'autorité*, 2006 ; *L'homme compassionnel*, 2008.

Table

171

Publications de l'École Cathédrale

dirigées par Mgr Jérôme Beau

Aux Éditions Parole et Silence

Les Cahiers

Dans la droite ligne des écoles cathédrales du Moyen Âge, cette collection veut être à la fois un lieu de formation enraciné dans l'Église et un facteur d'actualisation de l'enseignement chrétien.

Elle s'adresse à tous ceux qui souhaitent connaître et approfondir la doctrine chrétienne, quel que soit leur niveau culturel ou leur engagement ecclésial.

M.-N. Boiteau, *Découvrir l'Esprit Saint qui donne la vie.*
G. de Menthière, *La Confirmation, Sacrement du Don.*
Collectif, *Le crime contre l'humanité, mesure de la responsabilité?*
Edith Stein, *Le secret de la Croix.*
Collectif, *Foi et raison*, lectures de l'Encyclique.
J.-P. Batut, *Dieu le Père tout-puissant.*
Ph. Barbarin, *Théologie et sainteté, introduction à Hans Urs von Balthasar.*
H. Vallet, *La joie du pardon. Célébrer le sacrement de Réconciliation.*
M. Blondel, *"Mémoire" à Monsieur Bieil, une vocation pour la philosophie.*
É. Morin, *Saint Paul, serviteur de notre joie.*
J. Paoletti, *L'homme entre science et foi.*
Collectif, Jésus, *Le Cahier du Jubilé de l'an 2000.*
M.-N. Boiteau, *Je suis avec vous tous les jours.*
H. U. von Balthasar, *Qui est l'Église?*
H. de Villefranche, *Lire l'Apocalypse de saint Jean.*
Mgr O. de Berranger, *La paix sera le dernier mot de l'histoire.*

Mgr D. Pézeril, *Sortez de votre sommeil.*

M. Buber, *La relation, âme de l'éducation?*, présentation de Guy Coq.

Th. Kowalski, *Les témoins de la Résurrection de Jésus. Du Tombeau vide à l'Ascension – Les apparitions de reconnaissance.*

A. Mattheeuws, s.j., *Conduits par l'Esprit Saint. L'accompagnement spirituel.*

M. Barbeau, *Le vêtement et l'intériorité.*

J. Ratzinger, *La Fille de Sion.*

Y. Legrand, *Découvrir l'amour. L'accompagnement des catéchumènes.*

M. Brière, *L'image de Dieu. Petite méditation avec le bienheureux Fra Angelico.*

V. Aucante, *Que faire de sa vie? Le discernement selon Edith Stein.*

Th. Kowalski, *Les oracles du Serviteur souffrant.*

M.-N. Boiteau, *Jean-Paul II médite sur les mystères lumineux.*

F. Louzeau, *Et moi je vous dis… Lectures paroissiales de l'évangile selon saint Matthieu.*

O. de Cagny, *Les prières eucharistiques.*

M. Beaup, *Frédéric Ozanam, la sainteté d'un laïc.*

P. d'Ornellas, *Au bonheur des béatitudes.*

J. Molard, *Simone Weil. En quête de vérité.*

E. de Mesmay, *Sur les pas de saint Paul en Turquie.*

A. Mattheeuws, *L'accompagnement de la vie dans ses derniers moments.*

R. Escudier, *Charles de Foucauld, frère pour tout homme.*

J.-M. Laurier, *Chemins vers l'eau vive. Introduction à sainte Thérèse d'Avila.*

Th. de L'Épine, *Dieu a planté sa tente.*

Institut Catholique – Centre Sèvres – École Cathédrale, *Pour une conscience vive et libre.* Dignitatis humanae, *une déclaration prophétique de Vatican II.*

P. d'Ornellas, *Jean-Paul II: « La miséricorde dessine l'image de mon pontificat. »*

J.-P. Fabre, *Comment Jésus pétrit Pierre.*

O. Teilhard de Chardin, *La joie de la catéchèse.*

A. d'Augustin, *L'oraison, une école de l'amour.*

P. Faure, *Des chemins s'ouvrent dans leurs cœurs.*

J. Paliard, *Chemin de croix.*

Mgr J. Beau (éd.), *Thérèse de Lisieux, docteur de la vérité.*

Th. Knecht, *Mgr von Galen.*

C. Pellistrandi, *Femmes de l'Évangile.*

S. Binggeli (éd.), *Marie, Mère du Rédempteur.*

F. de Chaignon, *Le mystère de l'Ascension.*

J. Molard, *Les valeurs chez Simone Weil.*

A.-M. Ponnou-Delaffon, *Dieu Trinité dans la tradition ancienne.*

Benoît XVI, *Chercher Dieu. Discours au monde de la culture* (hors-série).

F. Delmas-Goyon, *Saint François. Le frère de toute créature.*

G. Dahan, *Interpréter la Bible au Moyen Âge.*

M. Beaup, *Le Paradis de Dante.*

Benoît XVI, *L'amour dans la vérité.* Présentation et commentaires des Bernardins (Hors-série).

J.-M. Fabre, *Mgr Affre, un archevêque au pied des barricades!*

D. Dupont-Fauville, *L'Église Mère chez Henri de Lubac.*

J. Alexandre, *L'art contemporain : un vis-à-vis essentiel pour la foi.*

M. Rougé (éd.), *Jean-Marie Lustiger cardinal républicain.*

D. de La Maisonneuve, *« La Tora vient des cieux ».*

Essais

P. d'Ornellas, *Liberté, que dis-tu de toi-même ? Vatican II 1959-1965.*

A. Guggenheim, *Jésus Christ, grand prêtre de l'ancienne et de la nouvelle Alliance : étude théologique et herméneutique du commentaire de saint Thomas d'Aquin sur l'Épître aux Hébreux.* Prix René Laurentin "Pro Christo" de l'Académie des Sciences morales et politiques, 2004.

B. de Malherbe, *Le respect de la vie humaine dans une éthique de communion.*

A.-M. Ponnou-Delaffon, *Le chiffre trinitaire de la vérité chez Hans Urs von Balthasar.*

M. Villemot, *Re-commencer en phénoménologie.*

A. Guggenheim, *Liberté et vérité, Une lecture de* Personne et Acte *de Karol Wojtyla.*

G. Siewerth, *Métaphysique de l'enfance.* Traduction et présentation de Thierry Avalle.

Mgr J.-L. Bruguès, o. p., *Précis de Théologie Morale Générale,* Tome 2 : *Anthropologie morale* (volumes I et II).

Cardinal J.-M. Lustiger, *La Promesse. Mes yeux devancent la fin de la nuit pour méditer sur ta promesse (Ps 119, 148).*

M. Sales, s.j., *L'être humain et la connaissance naturelle qu'il a de Dieu. Essai sur la pensée du P. Henri de Lubac.*

C. Thoma, *Théologie chrétienne du judaïsme. Pour une histoire réconciliée des juifs et des chrétiens.*

A. Vidalin, *La parole de la vie. La phénoménologie de Michel Henry et l'intelligence chrétienne des Écritures.*
A.-M. Ponnou-Delaffon, *La théologie de Balthasar.*
P. Lenhardt, *À l'écoute d'Israël, en Église* (2 tomes).
G. Donnadieu, *Les religions au risque des sciences humaines.*
J. Alexandre, *Je crois à la résurrection de la chair.*
A. Guggenheim, *Les preuves de l'existence de Dieu.*
P. Sicard, *Théologies victorines.*
B. Dupuy, *Quarante ans d'études sur Israël.*
T. Avalle, *L'enfant, maître de simplicité.*
V. Guibert, *À l'ombre de l'Esprit.*
S. Binggeli, *Le féminisme chez Edith Stein.*
F. Gonon, *L'étude de l'Écriture sainte, âme de la théologie morale.*

Cours – Colloques – Conférences

L'art moderne, entre emprise et déprise de Dieu.
Penser le Christ aujourd'hui.
Le temps de l'écoute.
Le catholicisme des Pères.

A. Mattheeuws, *Et les deux deviendront une seule chair.*
Conférences 2007-2008 de la Faculté Notre-Dame.
B. de Malherbe, F. Louzeau (éd.), *Corps et raison et foi : l'actualité d'*Humanae vitae.
C. Barbier (éd.), *Culture et patrimoine cisterciens.*
A. Guggenheim (éd.), *Anthropologies du monde et pensée chrétienne.*
F. Louzeau (éd.), *Lectures de l'Épître aux Romains.*
B. de Malherbe (éd.), *Sciences de la vie et éthique : un débat nécessaire.*
A. Guggenheim, J. Arènes (éd.), *Réinventer la culpabilité.*
V. Aucante, E. de Rus, *Edith Stein : un chemin vers la joie.*
F. Louzeau (éd.), *Lumières médiévales.*
A. Mattheeuws, *Les sacrements de l'initiation chrétienne.*
A. Guggenheim, A.-M. Ponnou-Delaffon (éd.), *L'actualité de saint Bernard.*

Hors collections

Edith Stein, *La quête de la vérité.*
Bibles en français. Traduction et tradition.

La lettre de l'esprit. Mélanges offerts à Michel Sales.

Benoît XVI, *Dieu est amour. Encyclique sur l'amour chrétien.* Présentation d'Antoine Guggenheim. Annotations de l'École Cathédrale.

F. de Lauzon, *Chemins vers le silence intérieur avec Élisabeth de la Trinité.*

C. Pellistrandi, H. de Villefranche, J.-M. Lustiger, *Contempler l'Apocalypse.*

I. Aumont, *La « purification de la mémoire » selon Jean-Paul II.*

Pour être informé des publications
des Éditions Parole et Silence et recevoir notre catalogue, envoyez
vos coordonnées à :

Éditions Parole et Silence
10, rue Mercœur
F - 75011 Paris

ou

Le Muveran
CH - 1880 Les Plans sur Bex

paroleetsilence@omedia.ch

------------✄---

Nom : . . . .
Prénom : . . . .
Adresse : . . . .
. . . .
Code postal : . . . .
Ville : . . . .
E-mail : . . . .
Téléphone : . . . .
Fax : . . . .

Je souhaite être informé(e) des publications
des Éditions Parole et Silence.

Composition et mise en pages réalisées par
Compo 66 – Perpignan
580/2010

DES HÉRITIERS SANS TESTAMENT?